Anonymous

Kurtze Vorstellung der Stadt Wormbs

Anonymous

Kurtze Vorstellung der Stadt Wormbs

ISBN/EAN: 9783744623438

Hergestellt in Europa, USA, Kanada, Australien, Japan

Cover: Foto ©ninafisch / pixelio.de

Weitere Bücher finden Sie auf **www.hansebooks.com**

Indeſſen ſo kame der Befehl deß Verderbens von Pariß/ daß alle die jüngſt eingenommene Städte und Schlöſſer ſolten geſchleiffet/ und keines dann Philippsburg und Maynß in Defenſion gelaſſen werden : deme dann zu folge mit dem ſchönen Churfürſtl. Reſidenß-Schloß zu Heydelberg/ ein bejammerens würdiger Anfang wurde gemacht. Mannheim die ſchöne Veſtungs-Stadt/ ſampt denen ſchönſten Gebäuen/ und erſt neu-erbauten ſchönen Kirchen/muſten auch von Grund auß verwüſtet und zerſtöhret werden. Franckenthal/ Oppenheim/ und Speyer wurden ebenmäſſig ihre Defenſions-Wercke der Mauren und Wälle gefället: Uber Wormbs ward unterſchiedlichen mahlen Raths zu Pariß gehohlet: weiln die Gelegenheit deß Orts trefflich vortheilhafftig am Rhein/und die Wercke zu noch mehrer Befeſtigung überauß bequem waren. Deßwegen fanden ſich auch öffters viele Ingenieurs hie ſelbſten ein/ welche einen Abriß der Stadt mit ihren Defenſions-Werckern/auffs Pappier brachten/die Stadt in der Länge und Breite abmaſſen/ und gaben vor/ daß die Stadt beſſerer befeſtiget werden ſolte.

Endlich den 9ten Februarij kame Monſr. d'Huxell/ und mit demſelben der Intendant Geaupliers von Maynß allhier an/welche beyde mit vielen Ingenieurs die Stadt umbritten/ Wälle und Mauren alles genau betrachteten: endlich aber beſchloſſen/wie und auff was weiſe

die

viel Städte am Rhein und Neckar werden geſchleiffet.

Die Stadt Wormbs muß auch an das verderben.

die Demolirung geschehen könte. Anfangs
zwar redete man nur von der Vorstadt/ weiln
dieselbe bey 2. Stunden in Begriff hatte/ und
also ihrer Weitläufftigkeit wegen nicht wohl
zu vertheidigen ware: Gleichwohl aber hatte
sie unterschiedliche schöne starcke Thürne und
Wercke/ welche/ weiln sie der Stadt lange Zeit
eine Zierde gewesen/ und nunmehro mußten
ihre Endschafft erreichen. Erachte ich nicht
unrecht zu seyn/ wann derer etliche gedacht
werden. Unten am Gestade deß Rheins stunde
der neu Thurn/ so mit 4. Böden/ alle dick ge-
wölbet/ biß obenauß zierlich hoch und vier-
eckigt gebauet war/ er hatte an denen 2. Unter-
Wercken 12. Werck-Schuh mit lauter
Quadrat-Stücken/ und 8. Werck-Schuhe
oben in der Cron zur Dicke/ oben an den
4. Ecken hatte er noch sonderliche Wehr-
Thürne/ darauß man den Thurn zur Seite
konte bestreichen/ unten herumb ware er noch
mit einer sonderlichen Mauer/ auch Schutz-
und Vorwercken umbgeben/ welche mit einer
Zugbrücken/ von dem Thurn abgesondert wa-
ren/ also daß solche zuforderst mit grosser Mühe
hätten müssen gewonnen seyn/ biß etwas an
den Haupt-Thurn hätte mögen vorgenommen
werden: Im übrigen so ware er von Quater-
Stücken/ Ziegel-Steinen und überauß guter
Zubereitung so fest gebauet/ daß es zusammen
hielte/ als wäre es nur ein Stück.

Das Mayntzer-Thor hatte auch ein recht
zierliches Ansehen/ und ware von unten biß

Der Statt Wormbs gehabte Thürne/ Mauren und Wälle in der Vorstadt.

D iij   obene

Nebenſt dieſem ſo fingen ſie auch an/ unſer
Zeughauß leer zu machen/ in welchem etliche
Centner Salpeter/ Pulver/ Bley/ Lunten/ bey
800. Muſqueten/ 200. Piquen und Spring-
Stecken/ auch bey 20. Canonen waren: deren
etliche/ ſo von Metal/ wurden nacher Landau
geführet/ und die Eiſerne in den Rhein ver-
ſencket/ die Muſqueten aber wurden unter die
Recruten vertheilet/ wie auch die Piquen/ und
was ſie noch übrig behielten/ nahme dieſes deß
Königs Regiment mit ſich als eine Beute
hinweg.

Indeme nun die Bürger und Einwohner
über den Ruin ihrer Wälle/ Mauren/ Thürne/
Thore/ und Außleerung deß Zeughauſes/ wie
auch ihrer harten Beläſtigungen in den Häu-
ſern/ und andern vielen Egyptiſchen Drang-
ſalen wegen/ recht hertz-inniglich betrübt und
traurig waren: da vermehrte ſolches noch ein
ſchärffer Befehl/ auß dem Abgrund von Ver-
ſailles, darinnen mit Feuer und Schwerdt ge-
drohet wurde/ daß alle Früchten nach den
Veſtungen ſollen gelieffert/ und nicht mehr/
dann auff einen erwachſenden Kopff von 6.
Jahren angerechnet/ nur ein Malter gelaſſen
werden/ und hiezu hatte man Friſt biß den
25. Martii, waren 21. Tage. Zu dem Ende den
10. Martii ſtyl, nov. das gantze Regiment Dragoner vom Colonel Boincionel anhero verleget ward/ welche alles dieſes/ ſo wohl auff
dem Lande als auch in der Stadt/ ſolten helffen
vollnziehen: Dieſes ware nun eine unmenſch-
liche

Franzoſen
machen
das Zeug-
hauß zu
Wormbs
leer.

Die
Früchte
ſollen nach
Mayntz
gelieffert/
und auff
eine perſon
1. Malter
gelaſſen
werden.

12. Com-
pagnie
Dragoner
werdē nach
Wormbs
verleget.

liche Grausamkeit/ deßwegen auch Stadt und
Land darüber zitterte und bebete : Jederman
geriethe fast in solche Kleinmüthigkeit/ daß er
sich nicht wuste zu rathen/ wie er vor der besor-
gender Hungersnoth/ sich vorsehen möchte.
Etliche verbargen ihren Vorrath zwischen den
Wänden/ andere in Fässern/ andere in Kisten
und Kasten/ andere vergruben in Kellern/ und
auch auff dem Felde/ etliche versteckten viele in
vermauerte Gewölber ; Einige auch/ so der
armer Leute Dürfftigkeit zu Hertzen gienge/
vertheilten und verborgten ihren Uberschuß
unter solchen Leuten/ so anjetzo nicht vermoch-
ten sich zu versehen/ biß daß sie es etwan bezah-
len könnten : Weiln nun auff solche Weise/
dem Befehl nach/ von hier ab/ gar wenig nacher
Mayntz/ allwo wir hingewiesen wurden/ ge-
liessert ward/ und die Feinde ihre eigene Ver-
räther in der Stadt hatten/ so ihnen alles zu
Ohren trugen/ die Korn-Wucherer auch wohl
sahen/ daß ihr grosser Vorrath/ so in 10. oder
mehr Tausend Malter/ in allerhand Früchten
bestunde: und deme Vorgeben nach/ dem Intendanten solten zugehören / nicht wohl mit
Nutzen konten angebracht werden/ so wurde
die Sache dahin gespielet / daß die Stadt
6000. Malter Korn/ das Malter vor 1. fl. und
5000. Malter Haber/ das Malter vor 45. kr.
an Rhein hinauß ins Schiff solten liessern/
und zwar solches auff Abschlag der Contribu-
tion, so der Stadt noch würde benennet werden : welches alles der Intendant Geaupliers

den

Allerhand
Verber-
gungen
der Früch-
ten.

Stadt
Worms
solle 6000.
Malter
Korn/ und
5000 Mal-
ter Haber
Contribu-
tion gebe.

Die Bürger werden darüber kleinmüthig.

den 6/ 16. Martii schrifftlich andeuten und begehren liesse: So abermahl bey jederman eine fest Kleinmüthigkeit verursachte: indem die Bürger allbereits durch die hartdruckende Einquartierung/ und grossen Geldgeben/ außgemergelt waren / auch die Stadt-Renthen weder Heller noch Pfenning mehr eintrugen/ und also weder Rath noch Mittel wusten/ wo solches hergenommen werden solte. Weiln aber nichtsdestoweniger der Intendant auff die Liefferung sehr hart drunge/ so wurde der Vorrath auff den Speychern/ so wohl bey Geistl: gestehten/ als auch Bürgern auffgesuchet: und zu Schiffe gebracht. Des Intendanten/ und seiner Anhängere hierbey spielende Falschheiten entdeckten sich noch mahlen/ so ich an seinem Ort wiedr berühren werde.

Ein rechtes verdecktes Spiel des Intendanten/mit den Korn-Wuchern. Königs Regiment zu Fuß/ muß von Wormbs wegmarschiren. Hn. XIII. werden im Arrest verwachet/ müssen sich mit Geld lösen.

Den 18. Martii bekame deß Königs Regiment zu Fuß Ordre auß ihren Quartieren allhier und zu Franckenthal auffzubrechen / und ihren Marsch nach Landau und Straßburg einrichten. Da es dann ehe der Abzug geschahe eine harte Drangsal gab: Indeme der Commendant Pallastron H. St. Senior Hoffmann/ H. Stm: Meckeln/ Hn. Schultheiß Moritzen und Hn. L. Melchiorn/ in die Raths-Stuben bey 3. Tage eingesperret verwachten liessen/ biß daß ihnen ihr gantz Winter-Quartier/ so den 26. April erst ein Ende hatte/ bezahlet war: alles den mit ihnen gemachtē Accord entgegen/ dann in denselben ware mit ihnen behandelt worden / daß es nur biß auff den Tag ihres Abzuges gelten solte. Nach-

Nachdeme nun den 21. Martii die erste Bat-
tallion und den 23. die zweyte/ ihren Abmarsch
hatten genommen/wurden sobald die Dragoner
vom Boincenel, welche bißhero auff den Zünff-
ten/ wie auch bey einigen Geistlichen logiret/
gelegen/wieder in der Bürger-Häuser einquar-
tieret/ und kamen jedem Bürger 3. biß 4. davon zu hause: Diese wusten ihren Wirthen von
nichts anders zu erzehlen/ als wo sie wären ge-
wesen/ allenthalben gebrennet/ geraubet und
gemordtet hätten. Insonderheit ergätzten sie
sich auch noch an denen Grausamkeiten/ und
Drangsalen so sie denen Reformirten in Franckreich zugefüget hatten: So gewißlich manchem
frommen Christen tieffe Hertzens-Säuffzer zu
GOtt erregte. Indessen so schreckten sie durch
ihre Erzehlung herauß/ daß man ihnen gabe
was sie begehrten.

Dragoner Regiment wird ein-quartieret/ und schre-cket die Bürger zu ihren Willen.

Zu dieser Zeit lagen die Teutsche Völcker von
Ulm ab biß nacher Cölln jenseits deß gantzen
Rheinstrohms/ und hielten gute Wacht/ daß
die Feinde nicht weiter einbrechen konten. Nun
hatten die Chur-Sächs-Völcker ihre Quartier
von Darmstadt ab/durch den Odenwald/ biß
über Heylbron hinauff/ zu denen viele durch die
Frantzosen hartbedrängte Leute/ ihre Zuflucht
nahmen/ und auff alle Weise anlagen/ daß so
sie nur mit wenigem Volcke hinüber kommen/
alsobald bey 8000. Mann Landvolck sich zu ihnen gesellen und ihre Macht vermehrt würden.

Reichs-Völcker liegen jen-seits Rheins.

Sächsische Nation ist mitleydig.

Dieses hatte auch einige Officierer der Chur-
Sächsis. beweget/ daß sie auß Begierde denen
Feinden

Feinden zu steuren / und die Bedrangten zu
retten / den 28. Martii 200. zu Fuß und funfftzig
Dragoner / liessen herüber setzen / welche zu
Eych / so ein Dorff / am alten Rhein sich solten
verschantzen / biß ihnen noch mehr folgen würden. Es lieff aber solch gutes Vorhaben sehr
übel ab / und schiene auch / daß die Zeit zu helffen
der hochbeleidigte GOtt noch nicht bestimmet
hatte: Dann sobald sie nur daselbst waren
angelangt / erhube sich ein grausamer starcker
Wind / welcher die Wellen deß Rheins so un-
gestümm machte / daß mehr Völcker hinüber zu
bringen ohne grosse Gefahr unmüglich ware:
Dahero der Frantzös. Gen. Monsr. d'Huxelli,
solche Gelegenheit gar wol wuste zu beobachten /
indeme er auß Wormbs / Mayntz und Oppenheim in 6000. Mann starck zusammen zoge /
und sogleich das Dorff von allen umbschloß /
daß sie theils wegen Mangel Schiffe / auch
grossen anlauffenden Wassers nirgends auß-
wusten. Doch gleichwohl unterliessen diese
eingeschlossene Sachsen nichts zu ihrer Ge-
genwehr / sondern gaben tapffer Feuer herauß /
wodurch 8. Granatierer von denen Feinden
erleget / auch unterschiedliche beschädiget wurden. Endlich aber / weiln die Macht gegen ihnen
zu groß / und der Ort zur Vertheidigung noch
gar nicht im Stande: so begehrten sie / daß
man ihnen freyen Abzug wieder hinüber jenseit
Rheins zu ihren Landsleuten verstatten wolte.
Welches Monsr. d'Huxelli ihnen abschluge /
jedoch aber dieses versprache / daß so sie sich als
Kriegs-

Wollen die Bedrangte retten / besetzen Eych.

Werden aber von den Frantzosen belägert /

Kriegs-Gefangene würden ergeben/ wolte er ihnen ein gutes Tractament geniessen lassen: Worauff sie endlich nach etwan 24. stündigem Gefecht/ sich als Kriegs-Gefangene ergaben/

Und müssen sich als Kriegs-gefangene ergeben.

Todter Fisch ans Ufer getrieben.

Seltsame Thiere/ frembder Völcker Vorbedeutung.

ist es glaublich/ daß ... ... hero Wunder auß dem Meer/ wie denn ... viele frembde Fische sich im Rhein sehen lassen/ so freylich als Vorboten vieler frembden Völ-

Feinden zu Steuren / und die Bedrangten zu
retten / den 28. Martii 200. zu Fuß und ſig
Dragoner / lieſſen, herüber ſetzen / ⸝⸝ zu
⸝⸝ alten Rhein ⸝⸝

Wollen die
Bedrangte
retten/be-
ſetzen Eych.

Werden
aber von
den Fran-
tzoſen be-
lägert/

Rheins zu ⸝⸝ ⸝⸝ müſte.
Welches Monſr. ⸝⸝ Huxelli ihnen abſchluge/
jedoch aber dieſes verſprache/ daß ſo ſie ⸝⸝ als
Krieges

Kriegs-Gefangene würden ergeben / wolte er ihnen ein gutes Tractament geniessen lassen. Worauff sie endlich nach etwan 24. stündigem Gefecht / sich als Kriegs-Gefangene ergaben / und wurden alle nach Mayntz geführet / auch Anfangs gantz höfflich gehalten / nachgehends aber wurde ihnen nicht satt Brodt gereichet / dahero einige auß Unbesonnenheit sich dahin liessen verleiten / daß sie bey den Feinden Dienste nahmen / so aber ihnen nach beschehenen Dingen wieder sehr gereuet hat. Eych / Ham und Reintürckheim wurden hierauff angezündet und verbrandt.

Den ersten Tag April kâme allhier ein todter und ungewöhnlicher Fisch an Ufer getrieben / dessen Kopff und Rüssel ware gleich eines Schweins / die Haut aber gantz glatt wie ein Ahl: die Länge ware 10. Schuh / die Höhe anderthalb Schuh / und die gantze Gestalt beygefügter Figur gleich: Der Geruch ware so starck stinckend / daß man sich nicht lange dabey auffhalten kunte / dahero er auch wieder in den Rhein geworffen und fortgeschaffet ward. Einige hielten diesen Fisch vor denselben / so dä vorigen Jahrs den 11. Novembris mit grossem Geräusche allhier vorbey auffwärts geschwummen ist: allein derselbe war weit grösser und am Kopff gantz anders gestaltet: Doch ist es glaublich / daß dieser Fisch ein ander Wunder auß dem Meer / wie dann bißhero viele frembde Fische sich im Rhein sehen lassen / so freylich als Vorboten vieler frembden

Völ-

Völcker/ so Waſſer und Land beunruhigen/ zu
achten ſeynd: Deren hartdrückende Würckun-
gen/ der gantze Rheinſtrohm gnugſam empfinden thut.

Den 12. Aprilis nahme Commiſſarius Vi-
landu auf Geheiß deß Intendanten Geaupliers,
die Veränderung der Stadt hoher Regiments
Würden vor die Hand/ und wurde zu einem
Stättm: in ſeiner Gegenwart Herꝛ Georg
Keym/ und zu einem Schultheiſſen Herꝛ Otto
Wilhelm Wandesleben erkieſet: Nachdeme
nun auch die gemeine Räthe/ umb unter ihnen
einen Burgermeiſter zu erwählen in die Raths-
Stuben eingelaſſen waren/ da gabe es viel Fra-
gens und Redens/ wer unter denen Zwölffen/
es ſeyn ſolte/ oder wolte: dann es ware etwas
ſeltſames/ daß keiner anjetzo darauff ſpendiret/
noch ſich darumb angemeldtet hatte.   Gewiß
iſt es und gantz ſicher/ daß keiner unter den gemeinen Räthen war/ der ſolches Ampt vor ihm
ſelbſt nicht lieber einem andern gönnete. Dann
wer wolte wohl immer gerne eine ſolche Laſt
begehren / ſo da deß ohnabläſſigen Anlauffen
wegens überauß beſchwerlich/ der auſſer ordentlichen Wahl wegen zu ſeiner Zeit nachtheilig/
und jederman Haſſes zu befahren hatte.   Dahero auch die meiſten ein jeder vor ſich ſelbſt
ſolches Ampt zu führen verweigerte: biß endlich die Wahl auff Hn. Joh. Georg Fabern
wurde gerichtet / welcher ſich auch deſſen nicht
verweigerte. Und hiemit hatte die Wahl ihr
Recht / ein jeder gienge ohne einige Glück-
wünſchung der neuen Ampts-Träger/ auß der
Raths-

**Frantzöſ.
Commiſ-
ſarius, ver-
ändert die
Regi-
ments-
Würden.**

**Burger-
meiſter-
Würde zu
Wormbs/
ware dieſes
mahl ſehr
unwerth.**

Raths= Stube fort; ware wohl eine rechte Vorbedeutung / daß sich ihre Regierung gar unglücklich enden würde.

Den 18. April kame der Gen. Feld=Marschall Duras von Maynß allhier an / welchem auff Begehren deß Commendanten 6. Herren deß Raths musten entgegen reiten / und die übrige ihn zu bewillkommen in Herrn Lamprechts Hauß auffwarten: Dieser versprach nur der Stadt sehr viel gutes zu erweisen / Ja er ent= rüstete sich über diejenige so der Stadt so sehr belästiget gewesen wären / und befahl auch allen Officieren / daß keiner nach Verfliessung der 150. Tagen Winter= Quartier / keinen Heller mehr begehren noch etwas weiters solten er= pressen.

Umb diese Zeit wurden etliche beladene Schiffe mit Frucht / Wein / Oelig / Hartz und andere Dinge / von hierab durch die Frantzosen nacher Maynß geführet / und weiln die Teutschen jen= seits Rheins ihnen auffpasseten / so gienge eine starcke Convoy Dragoner auff Flössen mit hinab: Eines von diesen Schiffen mit 1800. Malter Korn wolte in der Gegend Sockstadt dem starcken Schiessen der Teutschen außwei= chen / kame aber im Angesicht der Teutschen so fest auf den Sand zu liegen / daß es nicht wieder davon zu bringen ware: deßwegen der darauff commandirende Dragoner= Capitain solches auß Furcht verließ und sich zu Land begabe / die Teutschen aber hingegen nahmen solches als eine ihnen bescherte Beute an / und machten sich dasselbe zu nuß.   Den

General Duras kompt gen Wormbs /

Und weiß den Herrn nicht gnug zu heuch= len.

Früchte võ Wormbs werdẽ nach Maynß zu Schiffe ab= geführet / davon den Teutschen eines zu theil wird.

7. Compagnien zu Pferdt kommen wieder nach Wormbs.

Den 20. April kamen noch 7. Compagnien zu Pferdt von dem Regiment Duc d'Orleans herein/ welche ebenmäßig wurden einquartiret/ und lagen 4. biß 8. in einem Hauß. Von welchen einige Officirer in gefreyeten Häusern/ wie auch bey einige 13. Herren logiret wurden/ dann es war sonst nirgends mehr Platz.

Comte d'Tesse teilt nach Wormbs.

Den 24. April langte Comte d'Tesse, auch allhier an/ als welcher bißhero das Commando zu Mannheim so lang hatte gehabt/ biß alles daselbst vom Grund auß zerstöhret worden war. Er hatte eine Zeitlang allhier das Commando; auch über die Trouppen so in dieser Gegend lagen/ und weiln die Fourage den Winter durch allhier auffgezehret worden ware/ so wurde auß Lotthringen und Pitscher Ampt Stroh und Häu vor dieselbe anhero geführet.

Frantzosen mehen die Früchte ab.

Nachdeme nun dieses auch auffgegangen ware / so ergienge das Verderben über die Feld-Früchte / und wurden von jeder Compagnie 15. Mann und also insgesampt 500. Mann commandirt, so solche musten abmehen ehe sie zur Blüte kommen waren.

Kalter Reiff verfrieret den Wein-Garten-Schein.

In selbiger Nacht fiel auch ein starcker kalter Reiff/ wodurch mehrentheils deß Weinstocks herfür sprossender Schein erfrören und verdorben ist: ware gewißlich eine rechte augenscheinliche Straffe deß hochbeleidigten und über uns Menschen erzürneten GOttes. Und wann ich betrachte/ wie üppig bißhero der von vielen Jahren hero überflüssige Vorrath verschwen-

ſchwendet / und angewendet worden / ſo ver-
wundere mich über der Langmuth deß gerechten GOttes / daß die Straffen ſo lange Zeit /
ſind zuruck behalten worden.

Den 12/22. Maij kame Duc d'Duras wieder
von obenab anhero / und verbliebe allhier über
Nacht: In ſeiner Gegenwart thate er denen
ihn auffwartenden Herren deß Raths groſſe
Verheiſſungen / und verſicherte gleichſam mit
Worten / was er Maij in zweyen überauß lieb-
koſenden Schreiben auch hatte gethan / In-
ſonderheit / daß die Stadt weder deß Brandtes
noch der Plünderung ſich nicht zu beförchten
haben ſolte. Imgleichen befahl er auch denen
Officierern / daß ſie den Fouragierern keine
Frucht weiter abzunehmen geſtatten ſolten.
Alles beſtunde in herrlichen guten Worten /
denen es aber an Treu und Glauben erman-
gelte: Dann ſobald der Duras von hier wieder
ab und nach Mayntz gereyſet ware / zogen die
Fouragierer wieder hinauß / ins Hochheimer
und Pfiffelkeimer Feld / und mäheten hefftiger
in die Früchte als vormahls beſchehen ware.

Montags als den 23/13. Maij nach deß
Duras Abreyſen / wurden Herr Obr. Laroche
und Herr Nevil in Verhafftung von ihnen
genommen / und nach Landau geführet. Deſſen
Urſachen niemand recht erfahren mögen. Der
gemeinen Rede nach aber / ſollen ſie bey Leſung
der Zeitung / rühmlich von der Alliirten Macht
und Einigkeit haben geredet: welches / als es
der Frantzöſ. Pfaff Douphignie zu Hernsheim

C   mit

General
Duras
kompt wie-
der gen
Wormbs /
verſpricht
viel / iſt a-
ber alles
falſch.

Herr Obr.
Laroche
und Herr
Nevil wer-
den un-
ſchuldig
nacher
Landau
geführet.

mit angehöret/ dem General Duras solches
sobald wieder hinderbracht hat; Der darauff
sobald einen Argwohn wider den Laroche ge-
fasset/ und ihme seiner zweyen/ bey denen Alliirten in Diensten stehender Söhne wegen/ in
Verdacht gehalten. Und weiln Herz Nevil eines guten Vermögens/ so muste derselbe nicht
so sehr der Sachen wegen selbst/ als nur zu
einer guten Ranzion, zu diesem Handel dienen.

Auff diesen Tag entstunde auch ein Gerüchte/
daß die Stadt solte geplündert und verbrennet
werden: dahero die Herren deß Raths Herrn
Stättmeister Meckeln zum Obr. Boincenel
sandten/ denselben ersuchen und bitten liesen/
daß er ihnen doch beyzeiten wolte entdecken/
was hieran seyn möchte: damit man etwan
Sorge trage/ wie dem Unglück bey der Generalität vorzukommen wäre. Nun stellte sich zwar
Dieser Boincenel den Burgern nicht so gar hart
entgegen zu seyn/ dann er milderte öffters viele
Dinge/ so andere wohl mit Strenge ohne Er-
barmens volnzogen hätten. Dahero man auch
hoffte etwas gewisses von solchem bösen Ge-

rüchte zu vernehmen: Allein er wolte allhier
mit der Sprache nicht herauß/ sondern liebko-
sete nur die Herren/mit seiner Entrüstung über
die jenigen/ so solche Dinge als ein falsch Gerücht außsprengten/ und versicherte mit Worten gar kräfftigl/ so etwas daran oder ihm be-
wust wäre/daß ers ihnen vor gantz gewiß wohl
entdecken wolte. Viele wurden wieder gantz
freudig/ und warnete je einer den andern vor

Un-

Unglück/ so ihm könte begegnen/ wann einer
von Plündern und Brennen gedencken würde.
Gleichwohl unterliessen die Gemeine/ so wohl
Dragoner als Reuter nicht davon zu reden/
und etliche betheuerten es offenhertzig / daß
ohnfehlbar bald über die Stadt ein heisser Tag
ergehen würde.   Dahero es auch einige zwar
wohl zu Hertzen nahmen / indeme auß allen
Vornehmen und Wercken der Feinde zu be-
mercken ware/ daß sie Ubel und Unglück anzu-
richten/im Sinn hatten: Aber niemand wuste
außwege zu seiner Sicherheit/ sondern musten
nur in Furcht/Angst/Hoffnung und Sorgen
verharren: Biß endlich Sontags/ so da war
der 12/ 22. Tag May/ offenbahr wurde/ daß
wir uns hie zeitlich keine andere Erhörung zu-
getrösten hätten / dann ein betrübtes und
jämmerliches Ende.

Diesen nun so betrübten und kläglichen
Außgang/ mit unserer zwar uralten/ jedoch
schönen lust-uñ fruchtbahren Stadt Worms:
von Anfang biß ans Ende recht umbständlich/
mit allen ungütigen Begebenheiten vorzustel-
len: habe gewißlich häuffiger Thränen als
Worte noch zur Zeit bey mir finden können:
Deßwegen ich also das jenige/ was mit Augen
theils gesehen/ mit den Ohren gehöret/ auch
selbst theils erfahren/ also einfältig werde be-
mercken: und dem jenigen/ so etwan eines meh-
rern bewust/ nicht widersprechen / sondern
gerne vergönnen/ daß er solches noch beyfüge/
oder gar verbessere.

C ij   Nach-

**Frantzöſ.
Commiſ-
ſarius wuſ-
ſte die
Stadt
rechtſchaf-
fen zu
teuſchen.**

Nachdeme nun der Commiſſarius Vilanduo,
als ein rechter falſcher durchtriebener Kopff/
ſich das gantze Weſen bißhero/ wie eine rechte
Gauckeltaſche hatte bedienet/ auß welchen er
in allen ſeinen Verrichtungen/ eines nach dem
andern ſo meiſterlich wuſte herfür zu langen/
daß auch die Weiſſeſten dadurch wurden ver-
blendet/ und zu ihren groſſen Schaden öffters
wohl hatten belohnet: Alſo kame er nun
Sontags den 12/22. Maij abermahl mit einem ernſten und ſtrengen Befehl herfür: und
gabe vor/ es hätte ihm die Generalität/ frey
Hand gegeben aller Früchten in der Stadt ge-
naue Unterſuchung zu thun: deßwegen ein
jeder Bürger ſeinen Vorrath ſelbſt mit eigener
Hand ſolte beſchreiben/ und ihme ſolches noch
ſelbigen Tages ohnfehlbar zuſtellen/ damit er
ſich deſſen deß andern Tages bey ſeiner ſelbſt
vornehmender Reviſion könne bedienen/ und
welchen er alsdann anders würde befinden/
dem ſolte das Hauß niedergeriſſen/verbrennet/
und an Leib und Gut geſtraffet werden.

**Begehrte
Unterſu-
chung der
Früchte/
nur zum
Schein.**

Hierauff nun wurden ſobald/ 8. von den gemeinen Räthen/ ſolche Unterſuchung zu thun/
auffgetragen/ welche auch befohlener maſſen/
noch den hochheiligen Sonntag muſten die
Stadt durchlauffen/alle Häuſer und Winckel
außkriechen/ damit alles auffs ſorgfältigſte
bemercket/ und Unglück verhütet werde. Ich
kan auch ſagen/als einer der dieſe Unterſuchung
hat thun helffen/ daß die bißhero in Furcht
getriebene gute Bürger allhier recht auffrichtig
ſich

**Furcht be-
hütet das
Hauß.**

sich bezeiget/ und mehr als weniger haben an-
gezeiget: dann ein jeder wolte ausser Gefahr
seyn/ und ein gutes Ende hoffen. Allein es
war alles/ Arbeit und Auffrichtigkeit vergebens
und umsonst/ dann/ indeme die Herren Ampts-
Träger/ von der beschehenen Revision, dem
Commissario Vilanduo wolten Nachricht ge-
ben/ liesse der Intendant von der Armée, Le
Font. die Herren deß Raths begehren/ daß
sie alle solten zu ihm kommen/ dann er ihnen
etwas vorzutragen hätte. Es war schon etwas
spath und eben 8. Uhr als sich einige bey ihm
eingefunden/ und Verlangen hatten/ was doch
dieser neue Intendant gutes bringen würde:
weiln aber der Herren wenig auch theils Leibes
Unpäßlichkeit halber nit zugegen seyn konten/
so befahl er/ daß man noch einige vermögende
von den Bürgern auch anhero beruffen solte/
welches auch geschahe.

Als er nun gegen dieselbe wolte anfangen
zu reden/ da konte er Anfangs vor Grausen und
Zittern/ kein förmlich Wort machen/ sondern
alles war nur gestammelt: biß/ daß er endlich
nach einigem Umbschweiff mit der Rede herauß
brache/ und im Nahmen seines allergrausam-
sten Königs/ das ihm auffgetragene: mehr als
unmenschliche Vorhaben zu der Stadt Verderben eröffnete/ und sagte: Ihr habt dem
König bißhero einigen Trouppen Unterhalt
gegeben/ und euch zwar auch also bezeiget/ daß
der König mit euch gar wohl zufrieden ist.
Weil aber anjetzo die Teutsche Trouppen dem

Intendant von der Armée kombt nach Wormbs.

Begehret/ daß Hn. und Bürger zu ihme kommen sollen/

Und lobet ihr wohl Verhalten gegen den König.

E iij   Rhein-

Rheinstrohm sich beginnen zu nähern/und der König seine Macht/anderwärts zu verwenden gesinnet/ und dahero seine Interesse nicht zulassen will/ daß dieser Platz denen Feinden zum Vortheil also vollkommen gelassen werde: So ist deß Königs ernster Befehl/ daß alle und jede Bürger und Inwohner/Geist-und Weltliche/ Christen und Juden/ sich auß dieser Stadt/ und entweder nach Straßburg/ Metz/ oder wohin einem jeden beliebet ins Königs Land retiriren und begeben sollen: und zwar dergestalt/ daß nach Verfließung 6. Tages frist keine lebendige Seele der Inwohner sich nicht mehr allhier finden lasse: dann/ was alsdann nicht würde weggeschaffet seyn/ solle alles preiß gemacht und durch die Flamme verzehret werden. Ein jeder solte nun dieses seinen Mit-Bürgern kund thun/ damit alle ihre Sachen darnach anstellen mögen.

Als nun die anwesende Herren undBürger/ in Angst und schröcken auffs allerbeweglich ste/ dem Intendanten ihren Zustand/ vorstelleten/ und hertzinniglich baten/ daß ihrer doch mit der grausamen verzehrender Flamme möchte verschonet werden/in Ansehung sie bißhero hätten gethan/was in ihrenVermögen gewesen/dessen sie auch noch ferner zu thun erbiethig wären. Oder aber/ wann ja etwan der Königl. Befehl müste vollnzogen werden / doch allergnädigst dieses wolle erlauben/ daß man entweder ins freye Feld dörffe wohnen/oder daß ein jeder mit dem Seinigen möchte hinziehen/wo er wolte.

Massen

Stadt Wormbs wohlstand deß Königs Interesse entgegen/

Bürger und Inwohner sollen dieselbe raumen/und die Stadt verbrennet werden.

Herren und Bürger bitten dafür/

Massen ja theils Inwohner durchs Winter-
quartier/ dergestalt wären verdorben und außgemergelt worden/ daß die wenigsten weder
Mittel noch Vermögen hätten/ ihre Sachen
in die ferne zu führen: dahero auch der mehrer
Theil wohl zurück bleiben müste. Worauff der
Intendant dieses zur Antwort gabe: deß Königs Land wäre ja groß/ und hätte sich auch
der König allbereits dahin erkläret/ denen/ so
sich in seinem Gebiethe niederlassen würden/
10. Jahr lang Freyheit zu geben/ zu dem Ende
wären bey 300. Wägen und Karren bestellet/
deren sich die Leute könten bedienen und hin-
ziehen/ wo sie wolten: ausser nicht nach Landau/
dann dieser Platz ohne dem eng/ und mehrer
Leute darinnen wären so wohnen könten. Auch
solte keinen Paß über Rhein gestattet noch ver-
gönnet werden/ dann daselbst wären die Teut-
sche/ als deß Königs abgesagte Feinde: Was
einer oder der ander auß Durfftigkeit/ oder
Kürtze der Zeit nicht würde mit sich auß der
Stadt bringen können/ solte erlaubet seyn/
daß er solches in den Dhom oder Bischoffs-
Hof möge thun/ allda es vor dem Feuer/ auch
Plünderung/ ohne Gefahr gesichert seyn werde.
Insonderheit solte man auch die Weine/ so nit
könten abgeführet werden/ dahin verschaffen:
und solches alles erkennen als eine Gnade deß
Königs/ womit er den Bürgern geneigt wäre:
Deßwegen auch niemand diesem widerstreben/
sondern dahin bestens geflissen seyn/ daß dem
allen nachgelebet werde.

Werden aber von dem Intendanten abgewiesen/ und in deß Königs Land zu ziehen verwiesen.

Der Dhom u. Bischöfl: Hof solte befreyet bleiben deß Brandes.

C iij   Und

Und dieſes ware alſo das End-Urtheil/ ſo über uns und unſere Stadt gefället wurde/ nicht als hätten wir die Perſohn deß Königs beleidiget/ und dahero ſolche ſchwere Straffe uns über den Halß gebracht ; ſondern ihrem eigenen Bekennen nach / weilen die Wohlthaten/ ſo wir ihnen erwieſen / gröſſer waren/ als ſie der König anjetzo belohnen konte.

Grauſames Belohnen der Wohlthaten.

Als nun andern Tags den 13/ 23. Maij Morgens umb 4. Uhr/ in einem vollkommenen Raths-Sitz/ denen ſämptlichen Zunfft-Meiſtern dieſe ſehr traurige Bottſchafft kund gemacht wurde/ da ware die Beſtürtzung und das Betrüben/in dieſer letzten Verſamblung ſo groß / daß auch der allerhertzhaffteſte / vor hertzinniglichem Betrüben/ kein Wort bald recht zureden vermochte/deßwegen auch wenig geredet ward. Jedoch beſtunde alles/ was ein jeder von dem erbärmlichen und jämerlichen Ende/ unſerer uralten Stadt und Republic vorbrachte/ in Chriſtlicher Beſcheidenheit/ alles in Gott zu erdulden. Ein jeder bekandte/ daß es wohlverdiente Straffen deß hochbeleidigten und erzürneten Gottes wären/welchen man mit einer Bußfaſſen wolle in die blutige Ruthe fallen / darzu auch der nechſtfolgende Dienſtag beſtimmet ward. Und obwohln bey dem Intendanten etwas zurAbwendung dienlich/wenig Hoffnung zu ſeyn ſchiene/ ſo wurde doch vor gut angeſehen/ wañ demſelben durch die Herren Dreyzehener eine demüthige Aufwartung / nochmahlen umb Gnade zu erſuchen/

Traurige Raths-Verſamblung.

chen/möchte geschehen/ dann sonsten ihr Auß-
bleiben als eine Verachtung auffgenommen
werden dörffte.

Es hielten sich auch die Herren Præceptores
in allen Schulen mit ihren Schul-Kindern
bereit/ den Intendanten fußfällig umb Abwendung der Stadt Verderben zu stehen und
bitten: Weiln aber die Herren Dreyzehener
bey ihrer Auffwartung/ mit ihren Bitten waren abgewiesen worden / und also nichts zu
hoffen war / so verblieben die Kinder in den
Schulen und schickten ihre Säuffzer zu Gott/
bey dem allein Gnade zu suchen und zu finden
ist. Und also ware nun einem jeden zu Muthe/
wie denen Ubelthätern/welchen das Leben ab-
gekündiget/und sich zum schmelichen Tode be-
reiten sollen: Dann bey denen kämpffet Furcht
und Hoffnung/ biß das Urtheil sein Ende er-
reichet hat.

Indessen fingen die Feinde nun an/ alles
zum Verderben zu bereiten/ und kamen noch
diesen Tag 5.Compagnien Granatierer herein/
welche theils auff der Müntz in denen fast Kö-
niglichen Gemächern ihre unbefugte Wohnung machten/ auch alle verschlossene Gewölber anfingen außzuspoliren. Andere brachen
in das Evangelische Gymnasium, und ent-
wenden darauß so wohl Bücher als auch In-
strumentalien. Ja alles was zur Tugend/An-
führung der Jugend/ mit Kosten dahin ware
angewendet worden/ wurde von diesen Verderbern weggeraubet: Andere hielten Wacht

E 5   an

an theils Kirch-Höfe/ unterm Vorwand vor
Dieberey zu seyn: sahen aber auß wie die Teufel/
und beobachteten nur/ mit ihren trutzgrimmigen
Gebährden. auß allem fleiß/was in den Dhom/
Bischoffshof/ und andern geweyheten Oertern
geflüchtet ward.

Es kamen auch noch selbigen Tags bey 300.
von denen Diebes-Fuhren herein/ welche den
Vorrath an Korn/ Mehl/ und Wein/ so eine
grosse Mänge war/ mussten von hier abführen.

Dienstags den 14/24. Maij nahmen die 2.
Regimenter zu Pferdt/ als Duc d'Orleans und
Tilliade ihren Abmarsch von hier/ und kamen
dagegen 3. Squadronen/ als 1. Cuirassierer/
1. Blaurock. und 1. weißröckizte herein/ welche
sich in den abmarchirenden Platz nach eigenem
Gefallen selbst wieder einlogirten. Und nunmehro fienge es an in die Stadt gantz unsicher
zu werden: dann viele kamen in Häuser darauß
die Leute schon weggewichen waren/ deßwegen
so lieffe es auff Rauberey hinauß/ und dorffte
sich niemand in einer Nebengassen/ noch deß
Abends vor seiner Haußthüre mehr recht sicher
sehen lassen/ dann diese Mordtbrenner packten
die Leute an/ unterm schein ihnen die Quartier
zu weisen/ und wann sie dieselben in so leere
Häuser hatten gebracht/ da mussten die gute
Leute/ sich dieser Rauber-Händen mit Geld
und was sie bey sich hatten/ wieder lösen.

Unter vielen andern Gutachten/ womit der
gütige GOtt die fruchtbare Gegend unser
Stadt/ auch beglücket/ ist/ wie bekandt/ der

herr-

Korn und Mehl wird abgeführet.

2. Regimenter zu pferdt nehmen ihren Abmarsch.

3. Squadron andere marchiren wieder herein/

Machen alles unsicher in die Stadt.

herrliche Weinwachs/ als ein Stück der Ein=
wohner Reichthumb: derer nun bey etlichen
Seegenreichen Jahren/ eine zimbliche Mänge
gesamblet worden/ eigentlich aber nicht wissen
kan/ wie groß dieselbe möge seyn: Jedoch aber
nach Uberlegung einiger grosser Keller/ und
nach einer mir einstens ins Gesicht gekommenen
Revision, glaube sicherlich/ daß noch bey 8000.
Fuder Weins in der Stadt gewesen seyn/ so
alle musten zurück/ und den Städte=und Land
Verderbern preißgelassen werden. Viele Soldaten masseten sich die Keller-Meisterschafft
noch in Gegenwart ihrer Wirthe und Bürger
an/ und verkaufften/ die herrlichste beste Weine/
umb ein Spottgeld/ an Marquetenter und
Bauren/ Ja/ an einen jeden/ weme beliebte.

Da sahe man inzwischen die Unmässigkeit deß
gemeinen Pöbels/ Weintragens/ Schöpffens
und Sauffens hatten sie keine Maaß/ von
Morgen biß wieder an den Morgen ware alles
toll und voll/ und suchte je einer dem andern in
sein Quartier einzubrechen: Dahero gar bald
unter ihnen selbst eine Raserey wäre entstanden/
wann nicht der Commendant Boincenel deme
vorgekommen/ und denen Granatierern wieder
außzuziehen/ und bey der Ziegel-Hütten zu
campiren angewiesen hätte. Dann hiedurch
ware die Unordnung unter ihnen in etwas
gesteuret/ und die Bürger ein wenig sicherer/
daß einer oder der ander noch etwas fortbringen konte.

Donnerstag

Wein-
wachs ist
der Stadt
Wormbs
Reich-
thumb.

Bey 8000.
Fuder
Wein gien-
gen ver-
lohren.

Gemeiner
Pöbel weiß
sich nicht
zu mässigen.

Granatie-
rer müssen
wieder auß
ziehen/ Un-
ordnungen
zu verhütet.

Donnerſtag Nachts 12. Uhr / kame der Commendant Boincenel zu Ihro Fürſtl: Biſchöffl: Gn: bate umb Verzeihung / daß er ihn auß der Nacht-Ruhe verſtöhre / jedoch hätte er nicht umbhin können / die angenehme Verſicherung zu hinderbringen / daß der Dhom und der Biſchöffl: Hof / wie auch das MarienMünſter in der Vorſtadt / vor dem Feuer ſolte beſchützet und erhalten werden / und möchten deßwegen Ihro Fürſtl: Biſchöffliche Gn: verorden / daß eine Abwendung der Flammen geſchehe: mit dieſem Erbieten / daß er ſelbſt / wolte Leute dazu geben / die ihme darinnen dienen ſolten.

Commendant verſichert den Biſcheff / daß der Dhom ſolle beſchützet und erhalten werden.

Und wer hätte nun wohl / dieſem ſo gar zu ſchein-glaubbahren Verſprechen / nicht vollkommenen Glauben zuſtellen wollen: Dahero auch die guten Leute ſo viel ſicherer wurden / daß ihrer viele noch häuffiger ihre beſte Sachen in den Dhom-und Biſchoffs-Hof verſchafften / und dabey entſchloſſen waren / auch zur Zeit deß Jammers ſelbſt mit den Ihrigen in Sicherheit ſich dahin zu begeben / und dem Unglück auß-warten / wie es GOtt etwan ſchicken und wenden möchte.

Viele Leute nehmen ihre Zuflucht im Dhom.

Freytags kame abermahl ein Gerücht / daß alle Kirchen und die gantze Cleriſey ſolten deß Feuers verſchonet bleiben / deßwegen der Commendant auß jedem Stifft und Cloſter zwey begehrte / ſo den Beſcheid ſolten anhören: Als ſie aber erſchienen / erfuhren ſie gantz das wiedrige: und wurde ihnen ſämptlich angedeutet / daß ihre Kirchen und Häuſer gleich der Stadt

Allerley falſche Gerüchte /

und

und Bürger-Häuser müſſen verbrennet werden: und das noch ein Zweiffel/ob der Dhom
und Biſchöffl: Hof bleiben würde: Worauff
auch viele Leute anfingen ihre Sachen wieder
auß dem Dhom zu tragen: andere aber flüch-
teten noch mehrers hinein/ daß es kame wieder
neue Verſicherung/ daß dieſer geheiligte Ort
begnadiget ſeyn ſolte. Und ſolcher gegen einan- Verurſa-
der lauffender Gerüchte/ waren täglich ohne chen groſſe
Zahl/ da es dann bey ſolchen Veränderungen Diebereyẽ
jederzeit groſſe Diebereyen gab: und iſt gewißlich nicht zu beſchreiben/ wie Gewiſſenloß/ und Gewiſſen-
raubſüchtig theils Landvolck ſich dabey bezeiget loſe Raub-
hat/ gerade/ als wann der Stadt Verderben ſüchtigkeit/
ihnen zum Raub überlaſſen worden wäre. deß Land-
Volcks.

Sambſtags den 18/28. Maij Morgens früh/
wurden Hr: Stm:Heym und Herr Stättm:
Meckel durch die Dragoner in den Dhom ge-
hohlet/ſo ihnen den dahin geſtehten Vorrath
an Frucht und Meehl zeigen/ und die Gewölber eröffnen ſollen: Welche aber/ als ſie ihnen
denſelben gezeiget. wieder frey gelaſſen wurden.
Als nun die Feinde anfingen/ den darinnen
befundenen Vorrath an Meehl und Früchten
auffzuladen. fingen ſobald auch einige Leute an
ohne Unterſcheid das hinein geſtehete wieder
herauß zu thun/ welches zwar der Commiſſarius nicht mit Zwang begehrte zu verwehren;
Jedoch aber es auch nicht gern ſahe/ und deßwegen die Leute mit falſchen Worten dieſes verſicherte; daß/ weiln der Dhom keine Gefahr
hätte/ ſo würden die dahin geſtehete Sachen/
so

so sicher stehen/ als in Pariß selbsten: Welchem treulosen Versprechen/ man abermahl in Auffrichtigkeit trauete/ und nicht dahin gedacht/ daß ihre Falschheit so gar ohne Maaß würde seyn. Aber gleich wie der Commissarius in allen seinen Reden zweydeutig/ also ware auch anjetzo seine Versicherung anders gemeynet/ dann geredet.

Und eben dieser Tag/ ware der letzte deß Termins, daß die Stadt von Bürgern und Einwohnern solte geraumet seyn: Aber es ware noch das wenigste weggeschaffet worden: dann weiln die Fuhren Mangel/ und der Paß uber Rhein verboten ware. So wuste sich fast keiner zu entschliessen/ wohin er seine Sicherheit nehmen solte.

Als nun General Tilliade, Boincenel, Vivan, auch viele andere Officierer/ wie auch der junge Crequi deßwegen zusammen traten/ und sich der Stadt und Einwohner wegen unterredet/ da haben sie auß Mitleyden den Termin deß Brandes biß auf nechstkommenden Donnerstag als den 2. Junii styl. nov. verlängert/ jedoch daß keiner über Rhein gelassen werden solte/ bey Lebens Straff.

Termin deß Brandes wird verlängert.

Und als zur selben Zeit viel Dragoner/ auch einige Bürger und Geistliche zugegen waren/ und den Mißfallen der Officierer/ so sie an dem Ruin hatten/ wahrnahmen/ erkühneten sich sobald einige Dragoner/ so diesem Ruin nachdachten/ den jungen Crequi zu fragen/ was doch eigentlich die Ursach/ daß diese Stadt/ müste zu Grund gerichtet seyn; da zeigte er ihnen

Crequi Discours mit den Dragonern.

ihnen eine Verzeignüß / auff welcher 1200.
Städte und Dörffer Nahmen stunden / so alle
noch müsten verstöhret werden / weiln die Teutschen mit dem Printz von Oranien wider den
Catholischen König von Engelland / in einem
Bund stunden. Und bementelte also ihres
Königs Grausamkeit unter dem Deckmantel
der Religion / wie nemlich deß Königs Krieg /
wider diejenigen / so ihnen an deß Königs von
Engelland wohlfahrt verhinderlich / so gerecht-
fertiget / als der Krieg deß Kaysers / den Maho-
metischen Glauben außzurotten / wäre. Deßwegen sie dieses sich nicht sollen lassen irren /
sondern deß Königs Befehl verrichten.

Will deß Königs Ursachen mit dem Deckmantel der Religion beschönen / und rechtfertigen.

Sontags als den 19/29. Maij war das Heil.
Pfingst-Fest / welches aber der hohen Würdigkeit nach nicht freudig mit Meyen geschmü-
cket wurde. Dann es ware leyder nun an dem /
daß beydes Seelsorger und Gemeine / sich nunmehro musten verlassen / und wie eine verjagte
Heerde zerstreuet werden. Deßwegen nach
einer traurigen gehaltenen Abschieds-Predigt /
alle 3. Seelsorger und Gemeine nochmahlen
ihre Klagstimme erhob. u / vor dem HErrn unserm GOtt geweinet / und endlich einander
gesegnet haben: In festem Vertrauen es werde
der barmhertzige GOtt / unsere Thränen / als
Bußthränen in CHristo JEsu ihme lassen
wohlgefallen und nach dem Regen und Unge-
witter unsers Elendes mit der Sonnen seiner
Göttlichen Gnade uns wieder bescheinen.

Wormbs hält ein trauriges Pfingst-Fest.

Montags

Bischoff zu
Wormbs
soll wider
gegebenes
Versprech
seine Woh-
nung rau-
men.

Dragoner
u. Reuter
nehmen
ihren Ab-
marsch.

Mordt-
brenner
ziehen da-
gegen wie-
der herein/

Sind
Meister in
der Stadt.

Montags als den 20/30. Ma
Fürstl: Gn: dem Bischoffe ang
seine Wohnung raumen/und [
stein verfügen/ weiln Königlich
kein Stein auff dem andern [
solte: Und/wiewohln hertzinn
beten/ und dessen hohen Alters
beweglich vorgestellet ward/ so
keines derer. die Felsen harte He
sondern die Grausamkeit behu
barmen die Oberhand/ so wai
so ihme zur Außräumung gelai
kurtz: Dann die Granatiere
Mordtbrenner kamen gegen de
herein marschiret/und bekamen
Dragoner Befehl/ deß anderr
Tag zu marschiren. Und dieses
letzte Vorboten zum endlichen U
es fingen sobald an/ Reuter i
alles/ was sie erhaschen konten,
und waren also die gantze Nac
Marsch.

Dienstags Morgens frühe z
ten die Reuter in der Gegend I
die Dragoner in die Gegend
Viertel Stund von der Stat
hatten die Mordtbrenner nun i
Posten bezogen/ und erwartet
zu ihrer grausamen Verrichtun

Indessen aber waren sie in de
halben Meister/ und verbliebe
liches noch verborgenes mehr [

Da wurden mit grosser Ungestümmigkeit die
verschlossene Thüren auffgeschlagen/ die Häuser durchkrochen und durchwühlet; Niemand
dorffte mehr sicher/ in den Häusern oder auff
der Gassen sich sehen lassen/ und welcher ohne
Geleit etwas fortbringen wolte/ deme wurde
es auff der Strassen/ oder an den Thoren/ von
den Wächtern selbst/ so solche Unordnungen
verhüten solten/ abgenommen und weggeraubet.
Dahero der Mehrertheil haabhafftes Vermö-
gen/ in den Kellern/ Gewölbern/ Dhom-und
Bischoffs-Hof muste stehen bleiben/ weiln die
Gefahr sich augenblicklich vermehrte. Dann
der Termin, welchen der Commendant biß
auff den Donnerstag hatte verlängert/ wurde
diesen Tag durch offentlichen Trommelschlag
dergestalt abgekürtzet/ daß umb 12. Uhr keine
lebendige Seele sich mehr in der Stadt befinden
solte.

   Inzwischen/ so wurde Ihro Fürstl: Gn: dem
Bischoffe ohn Unterlaß hart zugesetzet und an-
gedeutet/ daß er seine Residenz raumen/ und
sich auß der Stadt nacher Dirmstein begeben
solte/ so fern er nicht in der Gefahr/ und durch
die Flamme umbkommen wolte: Welches
gewißlich ein rechter harter Hertzens-Stoß/
vor so einen hohen alten achtzigjährigen Herrn
ware/ dahero es ihm auch sehr hart ankame/
über etwas sich zu entschliessen/ das fast un-
glaublich seyn solte.

   Weiln aber die Feinde alle Gassen durch-
ritten/ und alle diejenige/ so nicht ihres Volcks/

Der Termin wird verkürtzet.

Bischoff muß seine Residenz raumen.

F   mit

Die Feinde treiben alles zur Stadt hinauß.

mit entblößtem Gewehr zur Stadt hinauß trieben/ Kirchen/ Clöster/ Capellen und Häuser/ ohn Unterscheid beraubten/ und im übrigen die Gefahr so nahe ware/ daß keine Minute zur Bedenckzeit mehr übrig gelassen wurde. So war derowegen kein; ander Mittel/ dann daß er zu seiner Sicherheit auch dem wütenden Ernst der Feinde entwiche. Und es ware eben 3. Uhr als er sich in die Kutsche begab: 8. Französische Reuter wurden ihm zugegeben/ so ihn musten begleiten/ daß er ohne Gefahr dahin kommen mochte. Also kunte weder Ansehen/ Stand/ Würdigkeit noch Alter verhindern/ daß das Tyrannische Fürnehmen unterlassen worden wäre. .

Auff diese Abreyse deß Bischoffs auß der Stadt/ folgte sobald die allerunglücklichste Stunde/ so unserer liebwerthen Stadt/ zum entsetzlichen Feuer-Spectacel bestimmet ware. Dann ein wenig vor 4. Uhr kamen unterschiedliche hohe Officierer auff den Marckt geritten/ und gaben der Haupt-Wacht Befehl/ wie sie sich nunmehro zu verhalten hätten; Sobald

Mordtbrenner bekommen das Feuer-Zeichen/

nun der vierte Glockenschlag geschehen ware/ da fingen die Tambours auff den Wachten an/ die Trommeln zu rühren / welches das erste Feuer-Zeichen war / so denen Granatierern gegeben wurde. Worauff auch dieselbe sobald denen Strohhauffen zulieffen/ und die Stroh-Fackeln/ womit sie anzünden kunten/ bereiteten:

Und zünden auff

Als nun ohngefehr eine viertel Stunde darauff ein Canonschuß geschahe/ da vertheilten sich

sobald

sobald diese Mordtbrenner/ mit aller Freudig-
keit hin und wieder in der Stadt/ und ware
das schöne Gebäu/ die Müntz genannt/ an welcher Adam und Eva mit verguldeten Aepffeln
an der Uhr schluge/ das Erste/ so mit Feuer in
Brandt gestecket wurde; Darauff galte es die
Apotheck zum weissen Schwan/ als das ander
Eck am Marckt: bald aber gienge der schwartze
dicke Rauch auff in allen Gassen/ und geriethe
also die gantze Stadt gleichsam auff einmahl
in volle Flamme; Das Feuer ware auch so
grausam wütend/ daß es mit aller Ungestümig-
keit/ allenthalben hindurch drunge/ so gar/ daß
von allen so vielen schönen steinernen Gebäuen/
nicht ein eintziges der Verwüstung verschonet
geblieben / sondern in wenig Stunden alles/
was in der Stadt und Mayntzer-Vorstadt
gestanden/ zu einem erbärmlichen Stein-und
Aschen-Hauffen werden müssen. Deßgleichen
auch Speyer und Oppenheim beschehen ist.

Unter wärender so grausamer und entsetzlicher
Brunst/ hielte der junge Crequi am Rheinthor
auff der Fischer-Weiden/ (welche annoch nicht
im Feuer auffgegangen/ sondern biß auff ihren
Abzug auffbehalten wurde) die Granatierer-
Wacht: zu welchem sich alle Mordtbrenner/
nach Anzündung d' Stadt/ auch solten hinauß
begeben/ biß das Feuer seine Würckung verrich-
tet hätte; Aber es blieben bey 40. derselben ver-
lohren/ welche beym Wein und Raub/ ausser
allem Zweiffel sich hatten verweilet/ und dahero
durch die Rache deß Feuers übereylet/ ergriffen
und verzehret sind worden.

F ij　　　　Die

gegebenen Canon-schuß die Stadt an.

Wormbs/ Speyer. und Oppenheim wer-den auff einen Tag jämmerlich verbrennet.

Crequi hält die Granatie-rer-Wacht auff der Fischer-Weide.

40. Gra-natierer bleiben ver-lohren.

Mord-
brenner
verspotten
die hertz-
betrübte
Exulan-
ten.

Die jenige aber so allda zugegen waren/ trieben ein narrentheidiges Gespött/ mit unserm erbärmlichen Untergang/ und machten ihnen auff denen geraubten Seiten Spiele/ lustige Däntze und Balleten/ wobey sie sich auch mit allerhand leichtfertigem Gehäule und Geplerr/ zum Spott der hertzinniglichen betrübten Einwohnern/ nicht gnugsam zugebähren wusten.

Anzahl
der abge-
brandten
Häuser ist
ungewiß.

Die Anzahl der abgebrandten Häuser und Wohnungen kan ich anjetzo so eigentlich nicht wissen/ weiln die gehabte Verzeignüß/ durchs Feuer verlohren. Aber die Kirchen und Geist-liche Gebäu waren folgende: Als der Dhom/ so ein starck Steinern Gebäu/ mit 4. hohen zierlichen Thürnen von unten biß obenauß gewölbet/ und dem S. Petro zu Ehren ware gewidmet worden. Das Stifft S. Pauli, das Stifft S. Andreæ, das Stifft S. Martini, das Stifft zur Heiligen Mutter Gottes Mariæ.

12 Kirchen
und
4. Clöster
sind ver-
brennet.

Die Pfarr-Kirch S. Johan, S. Magni, S. Lamperti, S. Ruperti, die Evangelische Haupt-Kirche zu den Predigern/ zu den Carmelitern/ die Evangelische Gottes-Acker-Kirche. Das Dominicaner- Carmeliter- und Jesuiter-Collegium, der Bischoffliche Hoff/ und Richardi Convent, Nonnen: sampt allem ihren vielen schönsten Geläute/ Orgeln/ Altären/ Bibliothecken/ und uhralten unschätzbaren Sachen/ alles solches ist auß verdampter Heers-wuht/ beraubet/ beschimpffet/ verbrennet und zerstöhret worden.

Sol-

Sollen nicht zu bejammern seyn/auch die so viele schöne Stadt-Gebäu? unter welchen die vornehmste waren/der Bürger-Hoff / als das rechte Rathhauß der Stadt/ mit seinen Käyser-Königs-Raths-und Gerichts-Stuben/der Cantzeleyen/ und noch vieler anderen bequemen Gemächern : Auff welchem Hause weiland unterschiedliche Käyser viele Reichs-Täge gehalten/ und auch der theure Werck-zeug Gottes Lutherus die Evangelische Wahrheit offentlich bekennet hatte. Ferner die so genannte Müntz/allda der Stadt Renten und Gefälle erhoben / wie auch dem unschuldigen zu Schutz täglich Recht und Gerechtigkeit mitgetheilet wurde. Ferner das Kauff-Hauß/ Wag-Hauß/ der Bau-Hoff; Insonderheit auch das Evangelische Lateinische Gymnasium, so in 5. Classen bestunde / und ein rechter Pflantzgarten zur Tugend und Gelehrtheit ware: wie nicht weniger die Teutsche Schule/ welche gleich wie jederzeit mit berühmten Schreib- und Rechen-Meistern ist bestellet: also auch anitzo insonderheit mit deme umb Eltern und Kindern wohlverdienten und beliebten Herrn Jacob Rusten versehen gewesen ; welcher die Jugend zur Gottesfurcht und andern Geschicklichkeiten / auff anmuthige Weise/ ohne Verdruß anzuweisen gewust: Also daß es uns an geist- noch leiblichen Gutthaten nichts ermangelt hat. Aber leyder! Nunmehro seind wir ja durch die allergrausamste Tyranney der ungnädigsten Feinde/dieses alles/

F iij

Die schöne Stadtgebäu zu Wormbs sind auch bejamernswürdig.

Evangel. Lateinisches Gymnasium zu Wormbs ein Pflantzgarten zur Gelehrtheit. Die Teutsche Schreibund Rechen Schul ist auch wohl bestellt gewesen.

les/

les/alles beraubet/ mit Feuer verheeret/ und wie
eine zerſtreuete Heerde von einer guten Weide
verjaget worden.

Und hieran habe ſich dieſe ſo grauſame Feinde
noch nicht gnugſam erſättiget; ſondern nachdeme die ſo uralte ſchöne Stadt mit allen ihren
Kirchen uñ Gebäuen/ zum Stein- und Aſchen-
Hauffen ware gemacht. Da hatten die Feinde
noch lange Zeit/ das verſteckte in Gewölben
und Kellern auffzuſuchen/ darinnen ſie auch noch
gar viele und köſtliche Sachen funden. Kein
ehrbahrer Bürger dorffte ſich nicht ſicher ſehen
laſſen/ noch ihnen ſolches verwehren: dann es
lieffen die Mordtbrenner in der Stadt / mit
Pickel-Schauffeln/ Minir- und Viſitir-Eyſen
herumb/ und betroheten die Leute/ ſo jemand
etwas ohne ihr. Erlaubnüß eröffnen wolte.
Hingegen aber fanden ſich Bauren und Juden häuffig ein/ und erkaufften alles geraubte/
Tuch/ Leinwand Zin/ Meſſing/ Kupfer/ eyſerne
Oefen/ auch andere Sachen umb ein geringes
an ſich.

Sie funden auch noch in denen Kellern/ von
Korn/ Meehl/ Haber/ gedürret Fleiſch/ und
dergleichen Lebens-Mitteln die Mänge: In-
ſonderheit auch der beſten herrlichſten Weine
noch einen guten Vorrath; mit welchem allen
aber/ die Feinde ſo unordentlich und ſündlich
ſind umbgegangen/ daß in denen Kellern der
Wein über Ehlen hoch geſtanden iſt. Dann ſie
gaben vor/ ſie hätten deſſen einē außdrücklichen
ernſtlichen Befehl/ von der hohen Generalität:

Deß-

Die Mordt-
brenner
ſind uner-
ſättlich/

Suchen
das ver-
ſteckte.

Bauren
und Juden
handeln
diebiſch u.
unverant-
wortlich.

Mordt-
brenner
gehen mit
denen
Weinen
ſündlich
umb/

Geben vor
es wäre
ihnen be-
fohlen.

Deßwegen so steckten sie auch nachgehends die Wein-Fässer mit Feuer an/ und verbrandten alles so gar/ daß viele Gewölber davon zersprungen und eingefallen sind; wodurch der Schade umb so viel grösser geworden / weiln beydes/ verborgenes und offentliches/ vollends zu Grund gerichtet worden ist. **Verbrennen die Fässer.**

Es ist fast greßlich zu melden/ wie abscheulich grausam sie mit theils schon längst abgestorbenen/ und beerdigten Toden sind umgegangen: Sie haben die Fürstliche Grufft erbrochen/ und denen beygesetztē Cörpern die an ihnen gehabte Kleinodien beraubet: wie ingleichen auch deß verschiedenen Bischoffs von Bassenheimes Hertz darauß entwandt. Welches aber dem jetzt noch lebenden Bischoff wieder zu Handen gekommen/ so es in Dirmstein gebührend beerdigen lassen. Sie haben hoher Standes-mässiger/ Ehrwürdiger/ Ehrbahrer Personen/ auch Matronen Gräber eröffnet/ derer Cörper die Sterbekittel beraubet: Deßgleichen auch mit einigen Juden-Gräber ist geschehen/ derer Leiber sie mit Degen durchstochen/ zerfetzet/ und nachgehends wie ein Aaß unbeerdiget liegen lassen. **Mordt-brenner hausen abscheulich mit den Toden-Gräbern.**

Allhier nehme ich mir als ein Evangelischer die Erlaubnüß/ nur in etwas zu melden/ wie verächtlich sie als Catholische gegen ihren Gottesdienst haben gehandelt. Dann nachdeme Ihro Fürstl: Gn: der Herr Bischoff/ unter der Feinde Huth biß den 19/29. Junii zu Dirmstein muste verweilen / da liessen

F iv   sie

sie durch Ihro Gnaden Herrn von der Eltz/ Thum-Dechant/den Duras ersuchen und bitten/doch allergnädigst zu vergönnen/das einige Geistliche in denen noch stehenden Capellen/den Gottesdienst verrichten und abwarten möchten. Worüber sich aber General Duras gantz entrüstete / und diese Bitte mit solcher Strenge abgewiesen / und verbotten/ daß weder Geist- noch Weltlicher sich nicht mehr solte gelüsten lassen/einige Geschäffte in Wormbs vorzunehmen / und welcher dem entgegen allda würde gefunden werden / daß derselbe als ein Feind selbsten geachtet seyn solte.

Duras wil weder Gottesdienst noch Wohnungen zu Wormbs gestatten.

Hingegen aber befahl er denen in der Stadt wühlenden Mordbrennern / daß sie die noch stehende Gemäure und Thürne vollends miniren und der Erden gleich machen solten: welchem zu folge an denen Kirchen und inwendig an dem Thumb mit Pickel und miniren so bald der Anfang gemacht wurde/ da ware nun kein Orth so heilig/ oder verborgen mehr/ vor ihrer Verwüstung sicher : die Altäre wurden eingerissen/durchwühlet/ und mit Koht und Unflath beschimpffet/ auff den Predig-Stühlen trieben sie ihr Gespötte/ etliche so offt von ihnen selbst beehrte Crucifixen und Heiligen-Bilder zerspalteten und durchsuchten sie/ ob nicht etwan Gold oder Silber darinnen verborgen möge seyn/ nachgehends machten sie Feuer damit an/daß sie ihre Pickel
und

Mordtbrenner bekommen Befehl die Kirchen-Gemäuer zu miniren und zu sprengen.

Hausen mit denen Kirchen-Zierrathen ärger als die Türcken.

und Eisen kunten schärffen / so sie zum Ein-
reissen brauchen wolten.

Es hatten auch die Stiffter und Clöster
ihre uffbehaltene consecrirte Hostien alle in
den Thumb / als zu einem sicheren Schutz-
Orth geflüchtet / der gäntzlichen Meynung /
daselbst vor aller Gefahr gar wohl versorget zu
seyn. Und wiewohln / wie bekannt / die Catholische Kirche / derer Göttliche Ehre zu erweisen / als ein Glaubens-Articul / fest beob-
achtet / und auch die aller Ruchlosesten ihnen
ohnfehlbar Erhörung / und Ablaß zuzueignen
pflegen : So wolten aber die Feinde als sie
diesen heiligen Orth beraubten / sich keiner Ver-
ehrung erinnern / sondern die silberne und über-
gülte Capsel behielt den Vorzug / welche sie
auch zu ihrem Trost mitgenommen / und die
Hostien herauß warffen / ist ja eine grosse Ver-
unehrung deß jenigen / was ihnen bey ihrer
Seel und Seeligkeit zu verehren hätte ge-
bühret.

Mordt-
brenner
veruneh-
ren die
consecrirte
Hostien.

In Summa / nichts ist vor ihrer Raub-
gierigkeit und Grausamkeit befreyet geblieben /
sondern sie haben sich erwiesen / daß ihre Treu-
losigkeit / Betrüglichkeit / Falschheit und Raub-
süchtigkeit ohne Maaß sey.

Also hat uns nun die gute und wohlver-
sehene Capitulation nichts genützet / vielweni-
ger die Königliche selbst eigenhändige Unter-
schriebene Ordinantz etwas geschützet; dann
die Stadt wurde überleget mit Volck; deß

Frantzosen
halten kein
Treu noch
Glauben.

F v   Magi-

Magiſtrats Regiment wurde nach der Feinde
Belieben verändert/ der neue Calender denen
Evangeliſchen in ſolchen Trubeln auffgedrun-
gen/ und die Bürger genöthiget/ daß ſie das
jenige/ ſo ihnen von Glaubigern/ auß Franck-
furt/ Cölln/ Nürnberg und Amſterdam ware
anvertrauet worden/ muſten anzeigen/ damit
die Feinde ſolches zu ihren raubſüchtigen
Händen überkommen möchten.

Es ſolte auch vermöge der Capitulation an
Wällen/ Mauren und Zeughauß/ nichts ver-
ringert oder verwendet werden/ und dannoch
muſten die Bürger anſehen/ wie ihr Zeughauß
geleeret/ Mauren/ Wälle/ Thoren und Thürne
niedergeriſſen wurde: und ſolches alles nicht
allein mit Egyptiſchen Frohn-Dienſten ſelbſt
helffen befördern / ſondern muſten daneben
Spottsweiſe anhören/ daß alles dieſes zu der
Stadt Auffnehmen angeſehen wäre.

Wenig ſind wir auch erfreuet worden/ derer
mit denen Commendanten und Officierern
gepflogenen Handlungen/ daß in denen Quartieren gute Ordre möchte gehalten werden.
Dann obwohln die Officierer der beyden Regimenter zu ihrem Antheil in denen 150. Tagen
Winter-Quartier/ mehr dann 50000. Rthlr.
baares Geldes auß der Stadt gezogen/ ſo iſt
dannoch weder Officierer noch Soldat niemahlen mit deme/ was ihnen vermöge Accords
gereichet wurde/ recht vergnüget geweſen: deßwegen auch viele ihre Wirthe hart gnug ge-
preſſet/ gehauen/ geſtochen/ übel geſchlagen/
und

Bürger zu
Wormbs
müſſen An-
zeig thun/
was ſie im
Reich ſchul
dig.

Die feinde
ſpotteten
nur/ der
Stadt ver-
derben.

Alle Hand-
lungen
waren
falſch.

50000.
Rthl. baa-
res Geldes
haben nur
die Officie-
rer bekom-
men.

und nach eigenem Gefallen mit ihnen gehauset haben : Und ware die Bestraffung/ so auff be= schehene Verklagung geschahe/ diese ; daß der übel haußhaltende Soldat in einem sauber Stüblein unter der Müntze einige Tage muste in gewarsam seyn/ dahin ihm der Wirth die Portion reichlicher hin verschaffen/ und also am härtesten gestraffet ward.

Was haben nicht neben so harter Einquar= tierungs= Last/ die fast ohnablässige/ hin und her marschirende Durchzüge/ auch offtmahlige änderung der Quartieren vor grosse Kosten der Stadt verursachet/ derer theils Officierer von ihren Wirthen wegen ihrer Portion an Geld theuer gnug anzuschlagen musten/ und bezahlt nahmen: und wann man nicht mit ihnen wolte handeln/ gleich betroheten/ daß sie das Hauß mit Feuer anstecken/ oder sonst belästig gnug seyn wolten.

Sind nicht der vielfältiger wider einander lauffender Schreiben des Intendanten; Be= fehle des Comissarii; und Begehren der Com= mendanten fast ohne Zahl gewesen/ und alle haben doch müssen bewerckstelliget/ oder mit Kosten vergnüget und gewendet werden.

Und hierzu hatte gar viel das treu und meyn= eydige Juden= Volck mit ihrer Schalck= und Boßheit/ Anlaß und Ursach gemacht/ dessen allhier mit Stillschweigen sich nicht wohl über= gehen lässet. Dañ gleichwie dieses in aller Welt zerstreuete Volck/ ihren wucher unter mancher= ley

Juden drehen sich nach dem Winde.

ley Herrschafften treiben / also gesellen sie sich auch/ gemeiniglich bey Veränderungen / zu der grösten Parhey/ mit Hindansetzung all ihrer Pflicht und schuldigen Gehorsam / nur damit sie desto gesichert in trübseligen Zeiten der dürfftigen Leute Vermögen an sich erwuchern mögen. Nun ist die Judenschafft zu Wormbs/ vermög Jhro Röm. Käyserlichen

Juden-schafft zu Wormbs der Stadt leibange-höriges Volck.

Majestät Ubergab / nicht allein der Stadt und Bürgerschafft zu Wormbs / ihr Leib-angehöriges Volck / sondern auch mit Leib und Guth also verpflichtet/daß die Stadt und Bürger mit den Juden und der Judenschafft Versohnen/ Häuser/Hofstätten/Boden und Bühnen/und allem / was denenselben zuge-höret/in Wormbs oder der Vorstatt gelegen/ mögen thun und lassen / brechen und büssen / als mit ihrem eigenem Gut/nun und alleweg/ ohne allen Jhro Röm. Kayserl. Majest. Zorn und Widerrede/laut Privil. Carol. 1V. 1348. 1349.1355. Privil. Maximiliani I. 1500. 1507. &c. Daß also kein Jud vor sich selbst etwas/ so wider der Stadt oder Eines Hochweisen Raths/ als ihrer hohen Obrigkeit / Würde und Ansehen laufft/ beginnen noch vorzunehmen gebühren kan noch soll: so fern er nicht in die scharffe Straffe/als ein widersetzlicher Rebellant/verfallen will.

Nachdeme nun bey dieser grossen Verhängnüß/die Stadt/vermittelst eines Accords, sich muste unter das schwehre eyserne Frantzösische Joch bequemen : und die Juden ver-merck-

merckten/ daß nunmehro der Obrigkeit Ansehen und Macht dörffte also eingeschräncket
werden/ daß kein sonderlicher Nachdruck vor
ihme zu scheuen würde seyn : so erkühnten sie
sich so bald verwegener weise mit Hindansetzung und Verachtung ihrer höchsten Obrigkeit Ansehen und Verbott : unter wehrender
Capitulirung/ zwey auß ihnen/ als den Schul-
klepper/ und den - - - - - - zu dem
Marquis de Bervis zu senden : welche mit
darreichung der rechten Hand/ denselben hies-
sen willkommen seyn/ und so wol mit Worten als auch vielen seltsamen Bücken/ Kopff-
drehen/ Hände küssen und Brustschlagen zu
verstehen gaben/ wie gern und freudig sie deß
grossen Königs Schutzes unterwürfftig zu
seyn hätten Verlangen gehabt/ bittende/ daß
sie sämptlich darinnen möchten auffgenom-
men/ und mit Salva Guardien versehen wer-
den/ damit sie vor ungestümmen Anläuffen/
oder Unordnungen gesichert seyn könnten.
So bald nun die Bürger/ derer viel zugegen
stunden/ solches bemerckten/ brachten sie dasselbe bey Herrn StettM. Senior Hoffman
an / daß doch solches möchte verwehret wer-
den/ weilen es ein unbefugtes/ und dem gemeinen Wesen höchstnachtheiliges schändli-
ches Beginnen wäre : und wiewohl auch
gemelter Herr StettM. sich über dieselbe ent-
rüstet / und anbefahle/ daß sie sich alsobald
fort in die Gasse packen solten / so waren sie
dannoch so halsstarrig und vermessen/ nicht
ehe

Juden seind bey der Capitulirung dem Magistrat beschwehrlich und gefährlich.

Halten ein eigen Gespräch mit dem Bervis.

Wollen auff deß regierenden Herrn StettM. Befehl nie abweichen.

ehe zu weichen / biß daß sie noch einiges dem
Bervis hatten heimlich ins Ohr hinderbracht /
da sie dann endlich / nachdeme ihnen zum drit-
ten mahl von dannen zu gehen geboten wurde /
mit Darreichung der Hand von ihnen geschie-
den sind.   Und. hierauff haben sie sich sobald
hin und wieder in der Stadt berühmt / daß
der jenige / so seine Sachen zu ihnen flüchte / so
sicher als in der grösten Vestung seyn würde.

   Als nun die Stadt bey anfangender Einquartierung und drückender Kriegeslast / auch
die gemeine Judenschafft ein ausser ordentliches dem gemeinen Wesen zum Beytrag auff-
erlegte / da ware die Widersetzlichkeit bey denen
so groß / daß es schiene es müste etwas seyn / so
der Juden Boßheit stärckte / massen weder
ordentliches noch ausser ordentliches willig
wolte folgen / sondern nur mit Zwang / und
grosser Verdrießlichkeit herauß gebracht werden müssen.   Und hierin wurden sie durch den
Intendanten und Commissario sehr geheget /
ohne dessen Erlaubnüß / fast niemand an sie
etwas dorffte gesinnen / noch daß sie etwas be-
gehrendes zu willen seyn wolten.   Und weilen
auch der außgebreitete Adler / von der Juden-
Gassen abgethan worden ware / so entstunde
dahero in der gantzen Stadt eine allgemeine
Sage: Die Juden hätten solchen herunter
gerissen und verschimpffet: Deme aber zu
dieser Drangsals-Zeit Ein Wohlweiser Rath
nicht gründliche Nachfrage thun dorffte.
Doch gleichwol aber auch gerne haben mögen /
                                        daß

Juden
grosse Wi-
dersetzlich-
keit / zum
Beytrag /

Werden in
ihrer Boß-
heit gehe-
get.

Adler an
der Juden-
gasser ver-
liehret sich.

daß derjenige/ so davon gründliche Wissen-
schafft möge gehabt/ solches/ denen Herren
Ampts-Trägern/ in Geheim kund gethan
hätte. Nachdeme aber/ die Juden sobald
hierauff ohne Scheu sich freventlich vernehmen
liessen: was der König in Franckreich ihnen
würde befehlen/ deme wolten sie folgen/ dann
derselbe wäre auch mächtig gnug/ sie vor alle
andere Befehle zu schützen: so benahme fast
solche täglich wachsende boßhaffte Widersetzlichkeit allen Zweiffel/ den man an der
Gewißheit haben mochte. Welches noch eine
andere frevelbahre Kühnheit mit mehrerm
bestärckte.

Dann es truge sich zu/ daß als E. Wohlweiser
Rath/ bey den Marquis d' Huxelli (welcher die
Demolirung der Stadt zubesehen anhero ge-
kommen ware) in wichtiger Angelegenheit einige Verordnete hatten abgefertiget/ daß auch
die sämptliche Judenschafft ihre Vorsteher
ebenmässig dahin sandten: welche in Anwe-
senheit deß Raths Abgeordnete/ als ihrer ordentlichen Obrigkeit/ eine geruffte Ganß/ und
die Leber auff einem besondern Teller/ mit
Louisen gefüllet/ als ein Geschenck dem Marquis
daher brachten/ und denselben das Füssel/ sich
aber und ihre Gemeine dessen Gunst und
Gnade mit solchen Complimenten dabey
anbefahlen/ daß fast deß Raths Abgeordnete
in ihren Angelegenheiten verhindert/ und wie
beschimpffet abziehen musten.

. Wie-

Schultlep-
per und
Juden/
verachten
zur Zeit
der Trüb-
sal ihre or-
dentliche
Obrigkeit.

Wiewohl nun dieses Einen Hoch-weisen Rath hefftig geschmertzet / so ha-ben sie sich doch nicht fürchtende vermer-cken lassen / sondern ihr befugtes Recht an solchem treulosen Volck geübet / so viel die Kräffte zulänglich seyn kundten ; Nun wurde der Stadt von dem Commissario an-befohlen / zu verschaffen / daß der Spittal mit Betten möchte versehen werden : wei-len aber die Bürger in ihren Häusern mit Soldaten dergestalt überleget / daß keine von denen zu haben waren / so wurde denen Ju-den / welche der Einquartierung befreyet blie-ben / und mit Betten überflüssig versehen waren / aufferlegt / daß sie damit dem Spit-tal an die Hand gehen musten. Als sie nun nachgehends / da die Last überhand nahme / noch mit einigen Soldaten Hülffe leisteten: da brachen sie endlich mit ihrer offentlichen Boßheit / wie eine Flamme auß dem Ver-borgenen herfür / und entblödeten sich nicht /

Juden verklagen den Rath bey den Frantzo-sen.

ihrer ordentlichen Obrigkeit durch eine offent-liche Klag-Schrifft bey den Feinden ein solch Feuer anzurichten / so gewißlich nicht mit lee-ren Worten gelöschet werden mögen / und dannoch wolten sie an allen unschuldig / und gleichwol aber auch dafür angesehen seyn / daß alles / was ihnen zu geben gebührte / auß ihrem freyen Willen herrührte : welches ge-wißlich von Bürgern zu viel gethan : ich

Juden Last gegen

geschweige von leibesangehörigen Knechten / derer Last gegen der Bürgere / doch nur

ein Schatten war : und zwar insonderheit zu
einer solchen Zeit/ da die Drangsalen täglich
wuchsen/ und dahero der Beytrag keine Maaß
haben kunte: dann die Noth verändert jederzeit den Muth/ und lasset niemand seinen freyen
Willen: dahero derselbe allein vor einen ge-
schickten Mann ist zu achten/ der sich in deme/
was er thun muß wisse zugebähren/ als thue
er alles mit gutem Willen: Aber gleiewie von
Dornhecken keine Trauben zu lesen seyn/ also
vermochte auch von diesem Juden Volck/ so
kein Tugent Geblüt hat/ und in der Wurtzel
böse ist/ nichts anders zu hoffen seyn. dann die
verdamliche Bosheit/ derer sie sich letzlich nicht
länger kunten enthalten/ sondern offentlich
durch eine frevelhaffte That selbst entdeckten/
was bißhero unter ihnen verdeckt gespielet
worden ware.

Dann als den 7. May Nachts umb 7. Uhr/
an der Stern-Gassen in einer Scheur ein
Feuer auffgienge / bey welchem die Juden-
schafft/ ihrer Schuldigkeit nach/ vermög wohl
angeordneter Feuer-Ordnung erscheinen/
und ebenmässige Rettung thun helffen solten:
da war ihnen nun keine Person vom Rath hoch
noch gültig gnug/ deme sie zu gehorchen sich zu
bequemen geschickt seyn wolten. Und wiewohl
der regirende Burgermeister selbst nach der
Juden-Gassen sich verfügen thate/ und diesel-
bige mit Worten dahin anmahnete/ daß weiln
ihnen die Gefahr selbsten nahe/ auch ihre
Schuldigkeit es mit sich brächte/ daß sie die

G   Ersten

(marginal notes:)
der Bür-
ger nur ein
Schatten.

Noth lässet
niemand
freyen Wil-
len.

Von Ju-
den nichts
gutes zu
hoffen.

Juden
wollen nie-
mand ge-
horchen/

Ersten solten beym Feuer seyn: so wurde er doch nur mit seinen Befehlen verlachet/ und nichts geachtet/ was ihnen von ihrer Schuldigkeit vorgeprediget wurde. Deßwegen/ er seinen Ampts- Eyffer und Ernst zu zeigen/ einige in Gewahrsam zu führen/ mit einem zugegen gestandenen Stadt-Diener betrohete: welche aber solchen Verweiß mit der vermengten Betrohung in auffrührischer Ungult nicht länger anhören kunten/ sondern fingen an nach eigenem ungestümmen Wuth/ sich ihrer

Fäuste zu bedienen. Und zwar zuforderst schütteten sie ihren Grimm über deß Burgermeisters Diener auß/ warffen denselben nieder zu Boden und nahmen ihm mit Stössen und Schlägen den Degen ab/ mit welchem ihn Ein Wohlweiser Rath hatte bewaffnet. Und nachdeme

ihnen der Burgermeister nebenst deß Raths Befehlhabere steuren/ und verhindern wolten/ daß es nicht weiter zum Handgemenge komen möchte: da fluchten und spotteten sie nur ebenmässig derselben/ und schlugen auch letztens gar auff sie loß: dergestalt/ daß einige Herren etliche harte Ohrfeigen davon bekamen: und wäre wohl zweiffels frey noch ein blutiger Handel darauß geworden/ so nicht eine dazwischen kommende Frantzösische Wacht solches hätte gestillet. Auß welchem allen klärlich zu ersehen/ wie treuloß und meyneydig sich die Pflicht vergessene Juden-Schaar zu Worms/ wider ihre endliche gehuldigte Herren bezeiget und verhalten haben. So meines Erachtens auch

auch auſſer allen Zweiffel/ nach der Verhäng-
nuß Gottes alſo geſchehen müſſen: damit man
durch das jenige/ was wider ſolche gar zu wohl
geheget worden/ auch einige Quaal empfinden
möchte. Aber darumb iſt der Juden verdammte
Boßheit noch mit nichten gerechtfertiget/ ſondern der Zeit überlaſſen/ da ſie als untreue und
widerſetzliche zu beurtheilen ſeyn werden.

Iſt als eine Verhäng-
nuß Got-
tes zu
achten.

Noch viele dergleichen/ ſo wohl Jüdiſche als
Frantzöſiſche Beläſtigungen/ wären noch in
Vorrath zu melden/ wann dieſes Werck nicht
ohne deme weitläufftiger/ als gehoffet/ ange-
wachſen wäre. Will alſo nunmehro noch kurtz-
lich melden/ wie ſorgfältig und wachtſam/ ſich
Ein Hochweiſer Rath unter ſo vielen Drang-
ſalen bezeiget hat.

Obwohln einige/ihrer eigenen Sachen wegen/
den Magiſtrat nit gnugſam zu beurtheilen noch
zu meiſtern wiſſen/ und bald dieſem bald einem
andern/ von deme ſie etwan/ unter ſolcher hart
drückender Krieges-Laſt/ (nachdeme ſie mit
Chriſtlicher Ehrbietigkeit umb Erleichterung
und Abhülffe der Unerträglichkeit bey denſelben
angeſuchet) unfreundlich ſind begegnet oder
härter angeſtrenget worden: die Schuld ihres
Verderbens zumeſſen wollen. So müſſen ſie
doch alle insgeſampt/ dieſes mit geſtehen und
bekennen/daß ein Hochweiſer Magiſtrat, wegen
der allgemeinen Laſt/ an Mühe und Sorgfalt
auff keinerley weiſe und wege nichts habe unter-
laſſen/wie ſolchen groſſen Unweſen/und Drang-
ſalen geſteuret/ und etwan dem beſorgenden

gäntz-

gäntzlichen Verderben vorgekommen werden
möchte. Zu dem Ende haben sie/ durch vielfältige Abgeordnete/ an der hohen Generalität/
auch an den Marquis d'Huxelli, wie nichtweni-
ger bey den Intendanten Geaupliers solches
alles gelangen: umb Hülff und Schutz ansuchen und bitten lassen: Ihnen auch grosse
Verehrungen und Geschenck gethan: welche
auch zwar nach ihrer gefärbten Weise/ grosse
Dinge versprochen/ aber durchauß keine
Würcklichkeit haben begehren zu leisten.

Ferner so hat auch der Magistrat umb Schutz
und Hülffe ansuchen lassen/ bey dem Hoff zu
Versailles, und den Zustand dieser Stadt so
beweglich lassen vorstellen/ daß es wohl harte
Felsen hätte erweichen mögen. Uber dieses haben
auch einige Ordens-Leute ihre Vorbitte ebenmässig dahin lassen abgehen/ und gar gewisser
Erhörung festiglich verhoffet: Unter andern
so hat auch der P. Rector S. J. ein sehr beweg-
liches Schreiben der Stadt wegen/ an deß
Königs Beicht-Vatter lassen abgehen/ und
gebeten/ daß derselbe wegen der zwischen ihnen
beyden sonderbarer aufgerichter Freundschafft/
vor die Stadt wolle geruhen zu bitten / daß
doch solche vielfältige unerträgliche Drangsalen gelindert/ und im übrigen das Werck
sich also lassen anbefohlen seyn/ daß der Stadt
gäntzlicher Ruin verhütet werden möchte. Es
hat aber weder dieses noch jenes das steinfestes/
herrschsüchtiges Tyrannisches Fürnehmen
können abwenden/ oder nur so viel wollen
fruchten/

Wormser
Vorbitter
haben zu
Versailles
kein Ge-
hör.

fruchten/ daß es einer Antwort wäre bewür-
diget worden. Dann eines Tyrannen Hertz
und Gemüth/ ist also Felsenhart beschaffen/ daß
die in denselben einmahl beschlossene Grausam-
keiten nimmer wieder erweichet/ oder durch
Bitte zur Erbarmung gewendet werden
mögen.

Und dieses bestärcket mich festiglich zu
glauben/ der Aller- Unchristlichste Hoff zu
Versailles, habe solche verdammte Grausam-
keiten/ über die Bisthümer und uralte Reichs-
freye Städte am Rhein beschlossen/ sobald nur
die neue Vestungen / als Fortluis, Saarluis,
Landau und Mont-Rojal, zu bauen angeleget
sind worden. Und zwar erstlich nach dem
Exempel deß Barbarischen und Unchristlichen
Wenden Königes Caroci, welcher die Städte
am Rhein/ auf Anreitzung seiner Barbarischen
Unchristlichen Mutter auch verbrandte/ damit
alles/ was schön und zierlich vertilget/ und nur
das jenige/ was von ihme herrühren/ seinen
Namen unsterblich machē möchte. Zweytens/
weiln ihm Zeit gnug gelassen wurde/ so viele
Vestungen als Krieges-Nester zu bewerck-
stelligen/ sich dahero auß Hochmuth beredete/
daß nichts seinen Kräfften nunmehro zu starck
seyn könne.

Weiln aber drittens/ die Soldaten wider
solche harte Arbeit/ als Wälle auffwerffen/
Gräben und Canäle machen/ Steine brechen/
und über den geringen Soldat anfingen zu
murren/ und entweder Verringerung ihrer

Marginal notes (right column):

Tyrannen Hertz und Gemütt/ ist härter als Felsen.

Neuer Vestungen Anfang sind der 5. Stätte am Rhein Untergang.

König in Franckreich folget den grausamsten Exempel der Heyden/

Beredet sich auß Hochmuth niemand zufördten/

Arbeit/

Arbeit/ oder Vermehrung ihres Soldes verlangten: So wurde von Hoff auß/ gleich bey Anfang deß Friedenbruchs unter ihnen dieses außgesprenget/ daß sie anjetzo bald alle reich gnug werden würden. Welche Rede/ als sie der Delphin in der Belägerung Philippsburg/ in Person selbsten gegen die Soldaten nochmahlen erwehnete: von ihnen als ein solch Zeichen auffgefangen wurde/ daß alles in denen Quartieren ihnen preiß seyn solte. Dahero sie auch alle von anfang biß dahero/ mit schmertzen nach solcher Gelegenheit verlangen getragen/ wo sie nur nach eigenem Gefallen zugreiffen möchten: Welches/ als es der hochbeleidigte/ und über uns erzürnete GOtt/ also verhängete/ daß sie freye Hand bekamen/ auch keiner derer Bösewichter sich dabey versäumet hat.

Sehet! dieses ist also/ der uralten/ Reichsfreyen Stadt Wormbs/ erbärmlicher Untergang/ welche allbereits 1500. Jahr vor Christi Geburt ihren Anfang gehabt/ und nach der Teutschen Regierungsweise in ihrer Freyheit biß auff die Zeiten Julii Cæsaris verharret.

Nachgehends hat sie vielen Röm. Königen und Käysern/ zum Kriegessaß/ auch Schutz- und Flucht-Hauß gedienet. Auch weyland wegen der trefflichen Gelegenheit deß Rheinflusses/ und der fruchtbaren umbher liegender Felder wegen/ an Einwohner mercklich zugenommen und geblühet: so gar/ daß sie ihrer der Käyser geleisteten treuer Dienste wegen/ allen Reichs-Ständen zur Nachfölge/ als ein fürtreffliches

treffliches Muster: wie Treu und Glauben zu halten sey/ ist vorgestellet worden.

Sie ist aber auch niemahlen ohne Neyder gewesen/ und sonderlich durch innerliche Zwo= spälte an ihren Regalien und Auffnehmen sehr beleidiget. und gehemmet worden.

In dem langen 30jährigen Krieg/ ist sie so un= glücklich gewesen/ daß ihre Vorstädte ruiniret/ die Bürger verringert/ und durch die hart= drückende Kriegeslast in schwere grosse schulden und Abnehmen gerathen. Endlich da Treu/ und Unter= Glauben und Versprechen/ durch die Cron gang. Franckreich schändlich wurde beleidiget / so geriethe sie solchem unbarmherzigen Würger auch in die Hände. Durch dessen Höllische Rachwuth/ sich diese armselige Stadt muste 34. Wochen lang lassen zerzausen/ und letzlich ein so erschröckliches/ höchst elendes und zer= stöhrendes Ende erreichen.

Vor dieser Zerstöhrung haben sich auch einige Vorbedeu= Vorzeichen vermercken lassen: welche/ weiln tunge der etliche vor Jahren/theils auch natürliche/jedoch Stadt seltene/ andere aber als abergläubige Dinge/ Wormbs theils in Vergeß gekommen/ und übrige nicht Unter= geachtet worden sind. Ich rechne hierunter auch gang. billich das jenige Feuer=Zeichen/ so sich im Jahr Feuer= 1682. den 5. Dec. erzeigete. Dann man sahe zeichen gegen Westen zu eine feurige Kugel vom Himel 1682. fallen/welche mit grossem donnern und krachen in der Lufft zersprunge/ und darauff der dampff gleich einer feurigen Schlangen gegen Auff= gang über die Stadt zulieffe.

G iv   So

So regnete es auch sieben Monath vor der Zerstöhrung innerhalb der Ringmaur viel Schweffel.

Schweffel regnen.

Vier Wochen vor dem erbärmlichen Ubel/ wichen die Störcke auß der Stadt/ und verliessen ihre Nester. In der Vorstadt/ nahe deß Nonnen Münsters/ hörete man 3. Wochen vor der Verbrennung/ eine gantze Nacht/ durch eine starcke als Menschliche Stimme kläglich winseln und ruffen: O weh! O weh! O weh! Und hieher ist auch nicht unrecht als gleichsam Prophetische Vorzeichen zuziehen/ unserer treuen Lehrer und Seelsorgere/ so vielfältiges mit heissen bitteren Thränen Ermahnen zur Busse. Daß ohnangesehen kein Stand ware/ der nicht deß überzeugten Gewissens schuldig/ so wolte doch niemand dafür geachtet seyn/ daß er einiges Gebott Gottes übertretten: wañ wider die im Schwang gegangene Laster geprediget/ geeyffert/ und die betrohende Zorn-Ruthen Gottes vorgestellet wurden. Nun ist es ja ausser allen Zweiffel/ auch auß Göttlichem Worte/ und denen Geschichten gnugsam zu bewehren/ daß nichts dergleichen wichtiges/ als von ohngefehr geschehen könne. Dann obwohln bey einem mächtigen Friedenstöhrer/ so da einen Jammer anzurichten begehret/ beydes freyer Will und Macht sich befinden thut: so hat auch zwar dessen Wille seine Ur-quelle/ durch Anreitzung deß Satans auß der bösen Natur. Allein die Macht ein so groß verderbliches Ubel anzurichten/ rühret gewißlich

Störcke weichen auß der Stadt. Jämmerliches Geschrey.

Thränen-Predigten sind Prophetische Vorzeichẽ.

Nichts wichtiges kan ohngefehr geschehen.

lich einig und allein/ auß GOttes gerechten
Zorn und Zulaſſung her / als wodurch die er-
kandten und unerkandten Sünden geſtraffet/
und ans Licht geſtellet/ auch öffters die Gedult
bewehret werde. Dann die Macht der Gott-
loſen kommt von Gottes Zulaſſen : und hätte
auch nimmermehr kein Mächtiger/ auch nicht
Velpaſianus einen ſo groſſen Jammer zu Jeru-
ſalem anzurichten Macht gehabt/ wann ſie
nicht GOtt als ein Straffmittel gebrauchet
hätte. Deßwegen wir dann anjeßo in unſerm
ſo elenden Zuſtande/ nicht ſo gar auff den König in Franckreich/ und ſeine raub- und blut-
gierige Rotte/ ſo uns ſolchen Jammer ange-
than/ allein : als auff GOTT/ und unſere
ſchwere begangene Sünden ſehen müſſen :
ſofern wir nicht mit ungeſtümmer Ungedult/
unſer Leyden vergröſſern wollen. Es iſt zwar
deine freylich alſo/ daß wir unſerer zeitlichen
Glückſeligkeit/ ſo überauß jämmerlich ſind
beraubet worden/ als einem Volck unter der
Sonnen hätte geſchehen mögen. Dann
obwohln durch dieſe Städt- und Welt-
Verderber/ die Stadt Mannheim auch jämer-
lich verwüſtet worden/ ſo ſind die Einwohner/
doch in deme noch glücklich geweſen / daß ſie
ihnen Zeit und Freyheit gelaſſen/ das Jhrige
in Sicherheit zu bringen / wohin einem jeden
beliebet hat. Daß hingegen uns dieſe Mordtbrenner weder Freyheit noch gnugſame Zeit/
das Unſerige in Sicherheit zu bringen/ vergönnen wolten/ ſondern wir ſind geachtet

G 9   wor-

Tamerla-
nus, Attila
als
Tyrannen
ſind Gottes
Straff-
mittel.

Ungedult
vergröſſert
das Ubel.

Die Feinde
vergönnen
den Bür-
gern und
Einwoh-
nern zu
Wormbs/
keine Frey-
heit und
gnugſame
Zeit zur
ſicherheit.

worden/ gleich denen so zu leibeygenen Gefangenen werden gemacht/ welche auß ihrem Vatterlande in sclavische Dienstbarkeit/ verwiesen und bannisiret sollen werden. Und haben uns also müssen glückseelig achten/ wann wir mit der allergrösten Gefahr/ und durch vierfache Bezahlung/ etwas geringes/ mit unserem Leben ins Elend/ jedoch auß der Grausamkeit davon gebracht: Dann wir solten und musten die Stadt raumen/ keiner wurde aber an den Thoren von den Auffpassern ohne Entgeld fortgelassen/und dannoch vielen auff den Strassen das ihrige weggeraubet. Viele unserer Mit-Bürger/ und andere gute Freunde haben mit ihrem unerwindlichen Schaden empfunden/ wie falsch und betrüglich in der Begleitung mit ihnen gehandelt worden: dann gar selten ist der Begleiter an verlangenden Ort mit geritten/ sondern wo es nöthig gewesen/ umbgewendet: da dann ausser Zweiffel/ durch ihre verdammte Tücke/ andere dazu bestellte von ferne sich herbey gefunden/ so Wägen und Karren beraubet/und die ohne deme von Hertzen betrübte Leute dahin geängstiget/ daß mancher auß Angst/ ihren grausamen Händen zu entgehen/ biß an den Halß in das Wasser gesprungen/ und kümmerlich mit dem Leben entkommen sind.

Wormbser werden allenthalben beraubet von den Feinden.

Wir haben unsere Wohnungen/ bey 8000. Fuder Wein/ auch Mehrentheil Haab und Vermögen müssen verlassen/ und mit weinenden Augen/ auch betrübten Hertzen von ferne ansehen/ wie unsere Kirchen/ Schulen/ Raths- und gesampte Häuser der Statt/ in voller Flamme gestanden/ und aber zur Rettung keine Hand anlegen dörffen: Anjetzo nun drücket bey vielen die Noth und Dürfftigkeit so hart/ daß sie weder auß noch ein wissen/ und ihres Jammers noch kein Ende sehen; weiln sie allenthalben hülfflos gelassen/ auch an viele nahrhafften Orthen/ wegen deß allgemeinen verderbenden und nichts werthen Zunfft-Rechts/ zur Bürgerschafft abgewiesen werden. Dahero es dann Fleisch und Blut freylich gar schwer will an sich kommen lassen/ solchen grossen Verlust/ so leichtlich und kaltsinnig zu verschmertzen; deßwegen auch

Bürger zu Wormbs haben mehrentheils Vermögen müssen dahinden lassen.

Derer Noth und Dürfftigkeit/ nimt täglich zu.

auch etliche dahin dichten und trachten/ wie sie das Ver-
lohrne/ von denen so ihnen das Ihrige entwendet/ durch
besondere selbst eigene Rache/ wieder erwerben möchten.
Welche weise aber/ ich meines theils als ein solches Mittel/
so nie wohl gethan/ noch Christlich zu seyn erachte: dann
welche an solchen Straff-Ruthen Gottes besondere
Rache üben wollen/ sind gleich denen Hunden/ so in die
Steine beissen/ mit welchen sie geworffen werden.

Wolte aber jemand/ so dem Leibe und Gemüthe
nach zum Krieges-Handel geschickt/ sich vor das liebe
Vatterland lassen gebrauchen/ und also das Verlohrne
wieder zu erwerben gedencken/ deme mangelt es anjetzo
nicht mehr an Gelegenheit/ unter welchem Hauffen es
ihme beliebet sich zu gesellen. Dann da ist Ihro Käyserl.
Majestät/ unser Allergnädigster Herr/ als das Haubt
der gantzen Christenheit: So viele Chur- und Fürstl:
mit denen sämptlichen Reichs-Ständen und Bunds-
genossen/ nunmehro durch Gott erwecket und gewaffnet/
den Friedensbruch und so viele im Römischen Reichs-
Boden verübte unbarmhertzige Tyranney zu straffen.
Unter deren Panier den Feind zu verfolgen und in Ein-
tracht zu dämpffen/ ist zulässig/ verantwortlich/ und auch
ein gut Gewissen dabey. Ein jeder kan auch dieses Ab-
sehens/ in beständiger Hoffnung sich freudig vorbilden/
wie der gerechte GOtt/ welcher nach dem verdammten
Willen deß Königs in Franckreich/ dessen Macht ver-
hänget/ daß er solch jämmerlich Ubel gestifftet/ nunmehro
solchen unumbschränckten ehrgeitzigen Willen in so engen
Raum werde einschräncken/ daß dessen Reichthumb/
Herrlichkeit und Gewalt/ niemahlen wieder Empor zu
richten werde seyn: auch ausser Zweiffel noch auff dieser
Welt/ hie zeitlich/ durch ein folgendes böses Gewissen/
die Zorn-Ruthe Göttlicher Gegen-Rache/ dabey recht-
schaffen fühlen und empfinden lassen.

Ich beschliesse dieses Werck mit folgenden/ so ein
Teutscher Patriot, als er 5. Meil von dannen/ die Stadt
in der Flamme angeschauet/ in kurtzen Worten über den
Verderber und Verderbens abgefasset hat:

Selbst eigene Rache ist nicht Christlich.

Unter einem Christlichen Panier dem lieben Vatterland zu dienen/ ist rühmlich. Hoffnung Franckreichs Herrlichkeit werde gestürtzet/ und deß Königs Gewissen hie zeitlich genaget werden.

Das heißt auff alle Treu/ dein Schandvolck auffge=
nommen!
Wie bistu Ludewig! wie bist du darzu kommen/
Daß diese liebe Stadt/ nun steht in Flam und Gluth
Daß Wormbs/ O Wütherich empfindet deinen
Wuth?
Die Sonn verbirget sich/ der Himel selbst muß weinen/
Kein güldnes Sternen=Licht/ mag diesen Brandt be=
scheinen/
Orion steht verblaßt/ der Wagen kehrt sein Rad/
Das gantze Himmels=Heer verfluchet solche That.
Bist du der Christlichste? Ja freylich der Verfluchte!
Ein Unmensch/ Tygerthier/ Tyrann/ ja der Verruchte/
Der jemahls hat gelebt/ und wie man klagen muß
Bist du boßhafftiger als der Herostratus.
Der Himmel trauret zwar/ daß Wormbs nun wird
verheeret/
Und daß die schöne Stadt von Flammen wird verzehret/
Doch jammert ihn vielmehr der grosse Jammerstand
Darein du kommen wirst/ Mordbrenner/ Höllen=
Brand!
Dañ wie du hast verbrennt viel Oerther ohn verschonen
So wird dir Lucifer/ mit Feuer wieder lohnen/
Dir ist ein Schweffel=Bett im Abgrund schon bereit/
Das unauffhörlich brennt/ in alle Ewigkeit/
Den Hochmuth/ Meyneyd/ Trotz Stand/ Frechheit/
grosse Sünden
Wird GOtt zu seiner Zeit/ schon wissen wohl zu finden
Wir sehen noch mit Lust/ wie Er dich macht zunicht/
Und wie Er deinen Arm und stoltzes Scepter bricht.

E N D E.